Katee S. Miles
2008

La Finca Humana

Se agradece a la Fundación W.K. Kellogg y al IDRC de Canadá por el apoyo financiero brindado para realizar esta publicación.

La Finca Humana

Katie Smith Milway

630	Smith Milway, Katie
S51	*La Finca Humana:* / Katie Smith Milway —
	1a. ed—. Tegucigalpa: CIDICCO, 2004
	285 pp
	ISBN: 99926-24-04-3
	1.-AGRICULTURA

Título original en inglés:

The Human Farm: A Tale of Changing Lives and Changing Lands.
Published 1994 by Kumarian Press, Inc., 630 Oakwood Avenue,
Suite 119, West Hartford, Connecticut 06110.
© 1994 Kumarian Press, Inc.

Para la edición en español:

©   **CIDICCO**
    Apartado Postal 4443
    Telefax: (504) 232-8350 / 239-3851
    Tegucigalpa, Honduras
    E-mail: cidicco@cablecolor.hn

ISBN: 99926-24-04-3

Primera edición en español: octubre de 2004

Traducción al español: Janeth Blanco Cruz

Edición, diseño e impresión: Editorial Guaymuras

Portada: Granja Loma Linda
Fotografía: Edmundo Lobo
Diseño: Marianela González

Índice

En memoria de Andrea Alejandra Flores Sandoval

He who binds to himself a joy
Doth the winged life destroy...

...But he who kisses Joy as it flies
Lives in Eternity's sunrise

William Blake

Una agricultura plena es la que alimenta
a la persona como un todo: cuerpo y alma.

Wendell Berry

Agradecimientos

Muchas personas me tendieron sus manos en el camino hacia *La Finca Humana*. Primero surgieron las de mi editora, Trish Reynolds, y las de la casa editora a través de Krishna Sondhi. Trish me brindó su aliento cuando me sentí abrumada, su estímulo cuando me sentí letárgica. Ella merece mucho reconocimiento por creer en este proyecto y por hacerlo realidad.

Estoy agradecida con muchos amigos y ex compañeros esparcidos por el mundo, que trabajan en el Programa Internacional Alimento para el Hambriento, con sede en Phoenix. De ellos he aprendido y con ellos he dado forma a mucho de mi entendimiento sobre el significado del desarrollo comunitario.

Mis padres, Mallory y Mary Ann Smith, en Bowen Island, British Columbia, amablemente me permitieron contar con un lugar para la reclusión durante las semanas próximas al plazo establecido para la entrega del manuscrito, en enero de 1994, y ser parte de su inspiradora comunidad. Los más de dos mil residentes de Bowen se conocen y se cuidan entre sí, y muchos de ellos velaron por mí. Pienso especialmente en las familias Adam, Osler, Allan, Cowper Hooper, y en Judith y Mary.

La Finca Humana no hubiera sido posible sin la cooperación de los personajes hondureños y extranjeros que menciono en la introducción. Pero en este espacio quiero agradecer especialmente a Elías Sánchez, a Cándida Osorio y al personal de Granja Loma Linda; a Milton y Miriam Flores y al personal del Centro Internacional de Información sobre Cultivos de Cobertura, CIDICCO; a Wilmer y Miriam Dagen, y al personal de Vecinos Mundiales en Honduras; a Fernando y Vilma Andrade; y a Rolando Bunch por su generosidad y sinceridad. Milton, quien fue el primero en despertar mi interés por el trabajo en Honduras y, posteriormente, alentó y facilitó mi viaje, merece un reconocimiento especial.

Finalmente, mi gratitud se extiende a mi esposo, Michael Milway, quien mantuvo toda la calma de la que se puede hacer acopio en un hiperactivo primer año de matrimonio. En muchas ocasiones, tuvo la disposición de hacer a un lado su lápiz y su documento para escuchar mi prosa. Siempre me brindó consejos valiosos y apoyo afectivo.

Presentación

Los principios y conceptos presentados dentro del precepto que encierra la Finca Humana son tan antiguos como la humanidad misma. Los grandes movimientos y revoluciones de los pueblos han estado sazonados, en gran medida, por ingredientes esencialmente humanos, por acciones y visiones de individuos y colectividades determinadas a hacer de sus visiones una realidad tangible.

Ha sido claramente demostrado que el elemento humano es central para las acciones del desarrollo. Por eso es difícil entender por qué hemos enfocado las acciones contemporáneas por el desarrollo en modelos centrados en lo económico, soslayando la importancia de enfatizar en el factor humano. Enderezar esta situación es lo que busca la Finca Humana.

Entre los forjadores y promotores de la Finca Humana destaca don Elías Sánchez. Él, con humildad y firmeza, dedicó durante décadas su talento y energía a la promoción de este concepto entre miles de familias rurales. Su influencia traspasó las fronteras hondureñas y su efecto multiplicador aún está por medirse.

Con la visita de Katie Smith Milway, una periodista canadiense, se hizo posible, en 1994, *The Human Farm*, la obra en inglés cuya traducción al español presentamos en esta publicación. Su libro retrata, con un sabroso lenguaje, las vidas de varios personajes hondureños y de otras nacionalidades que se forjaron en la filosofía de la Finca Humana. Entre ellos destaca la historia de don Elías Sánchez y algunos de sus seguidores más cercanos.

En 1998, tras el devastador paso del huracán y tormenta tropical Mitch, se puso a prueba una vez más la Finca Humana. Millares de familias rurales pobres aún se recuperan, con su propio esfuerzo, de los estragos causados por el demoledor fenómeno natural. Y muchas de estas familias tienen algo en común: fueron partícipes, en algún momento de sus vidas, de los conceptos y experiencias de la Finca Humana. Este denominador común fue el que permitió que muchas pequeñas fincas renacieran. El Mitch también se ensañó con don Elías Sánchez, su finca y su centro de capacitación. Y él también encarnó la fortaleza de la Finca Humana al levantarse de los escombros.

Lo anterior inspiró a un grupo de fervientes promotores y seguidores de la Finca Humana a traducir la obra de Katie Smith Milway y así poner la obra a disposición del público de habla hispana, la lengua original de los personajes que animan estas historias.

La iniciativa llevó a la creación de un Comité Editorial, integrado por personas con diferentes experiencias en los sectores privados y gubernamentales, promotores del desarrollo, educadores, consultores y miembros de organizaciones internacionales. Este Comité decidió, además de traducir la obra original, agregar nuevos capítulos a fin de contextualizarla para los nuevos lectores y ubicar la historia en el nuevo siglo.

El texto completo de *The Human Farm* fue traducido directamente de la publicación en inglés. La traducción y edición fue un trabajo difícil, pues se procuró mantener la belleza del texto original. Lo anterior fue posible gracias a Janeth Blanco e Isolda Arita.

Los últimos cuatro capítulos fueron trabajados en equipo por el Comité Editorial. Estos nuevos capítulos —escritos a manera de epílogos— dan cuenta de la cosecha de la Finca Humana y continúan narrando la historia de don Elías Sánchez. Hablan de su legado interiorizado por millares de familias campesinas, dan testimonio de su fortaleza tras su experiencia personal frente al Mitch, así como de su incansable perseverancia y amor al trabajo hasta en los instantes que precedieron a su muerte. También se describe cómo las ideas de don Elías se han multiplicado, a través de más de veinte Centros de Enseñanza y Aprendizaje (CEA), manejados por agricultores y para agricultores a lo largo y ancho de Honduras.

El libro se enriquece con resultados de investigación que revelan los indicadores de cambio más comunes de los participantes en la Finca Humana —aspectos sociales, culturales y espirituales— y en la finca física —aspectos agroecológicos. El capítulo final intenta resumir las implicaciones que la Finca Humana conlleva para el trabajo por el desarrollo desde la perspectiva de los y las integrantes del Comité Editorial.

Para las personas e instituciones que abrazan el concepto de la Finca Humana, los resultados han sido alentadores. Sin embargo, se necesita del concurso colectivo de las agencias gubernamentales y privadas de desarrollo, las instituciones de educación formal, los organismos internacionales y de toda la sociedad para hacer de la Finca Humana un pilar del desarrollo de nuestras naciones pobres.

Esta obra es para todos aquellos que quieran forjar este concepto en sus trabajos y en sus vidas. Sabemos que servirá de inspiración para muchos, ya que nosotros mismos somos testimonio personal de su significativo efecto. Disfrútenla y vívanla.

Laura Suazo, Margoth Andrews, Katie Smith Milway, Raúl Zelaya, Carlos Vigil, Mario Ardón y Milton Flores, integrantes del Comité Editorial.

Prefacio para la primera
edición en español

Katie Smith Milway

«De cierta forma presentí que este desastre nos juntaría de nuevo», respondió, en diciembre de 1998, Milton Flores, fundador y director del Centro Internacional de Información sobre Cultivos de Cobertura, CIDICCO, con sede en Tegucigalpa, Honduras. Le había escrito a Milton a raíz del paso del huracán Mitch, una tormenta tropical que asoló Centroamérica en octubre de 1998 y que dejó un saldo de dos millones de personas sin vivienda y diez mil muertos; Honduras sufrió la peor parte de la devastación.

La respuesta a mi inesperada consulta era muy propia de Milton: valoraba la oportunidad del encuentro y asumía una posición positiva frente a la tragedia. No teníamos contacto desde 1994, año en que me ayudó a distribuir la publicación *The Human Farm: A Tale of Changing Lives and Changing Lands*. Varios años después, yo preguntaba si podíamos utilizar el libro, una historia hondureña sobre desarrollo agrícola centrado en las personas, o la «finca humana», para recaudar fondos asistenciales. Según cifras oficiales, el huracán Mitch le arrebató al país cerca del 70% de su base agrícola.

Después de varios mensajes electrónicos, contábamos con un plan: un libro a cambio de donaciones para Honduras. Kumarian Press facilitó los ejemplares y mi antiguo empleador, Food for the Hungry, aceptó canalizar los fondos y extender recibos a los contribuyentes. Vecinos Mundiales en Honduras asumió la distribución de lo recaudado. Por medio de una nota dirigida a mis colegas en la firma consultora Bain & Company recaudamos, en corto tiempo, un par de miles de dólares (una cantidad insignificante en el estimado de cuatro billones de dólares necesarios para la reconstrucción del país), destinados a apoyar la reconstrucción del centro de enseñanza y aprendizaje Granja Loma Linda, lugar donde se generó un movimiento que inspiraba a los agricultores a confiar en sus cabezas, manos y corazones para mejorar las condiciones del suelo y de las cosechas. Algunas de las terrazas de Loma Linda, reforzadas con materiales locales como llantas viejas, madera y piedras se sostuvieron durante la tormenta; pero la oficina, la cocina, los dormitorios, el comedor y muchas parcelas fueron completamente destruidas en las inundadas orillas del río Chiquito, que cruzaba la finca.

Las notas que intercambiamos contribuyeron, en forma modesta, a la restauración de la planta física de Loma Linda. Además, nos ayudaron a rescatar un sueño: traducir al español la historia de la finca humana para que tuviera mayor difusión y llegara a los agricultores.

Más noticias demoledoras catalizaron esta intención. El 18 de marzo de 2000, recién finalizados los trabajos de reconstrucción de Loma Linda, su fundador, don José Elías Sánchez, de 73 años de edad, moría de un ataque al corazón. En simetría perfecta de la naturaleza, la muerte de don Elías reavivaba el interés en su vida. «Queremos rendir un homenaje a Elías», escribió Milton, «ahora es el momento para traducir *The Human Farm*». Otros personajes del libro ofrecieron su ayuda para hacer realidad el proyecto. Raúl Zelaya, a quien entrevisté en 1992 cuando era instructor en la Escuela Agrícola Panamericana, Zamorano, había asumido la dirección de Vecinos Mundiales en Honduras; y, desde su nuevo lugar de trabajo, abría el camino al largo proceso de traducción. Laura Suazo, a quien conocí como instructora de Zamorano durante mi última visita a Loma Linda, en 1992, se unió al equipo; de igual forma lo hizo Milton, uno de los principales protagonistas de la historia.

Los siguientes eventos del proceso me recordaron una escena descrita en el libro: un carro se atasca. Primero el conductor acelera, esparciendo lodo por todas partes; pero el carro no se mueve. Luego, dos agricultores empujan, pero sin suerte. Después son tres y todavía resulta imposible sacarlo; llegan a cuatro y todavía nada. Todos ellos se esfuerzan intensamente, empujan lo más que pueden, pero sólo cuando un quinto agricultor se une, el carro se mueve y avanza.

Para nosotros, el «quinto agricultor» fue la doctora Margoth Andrews, ex catedrática de Zamorano. En enero de 2002, casi dos años después de estar empujando y patinando, Milton, quien junto con Raúl se habían dado cuenta que para finalizar la traducción era necesario más ayuda e ideas frescas, escribió:

«Creo que se nos presenta una oportunidad para que *The Human Farm* comience a moverse de nuevo. Margoth

Andrews, presidenta de la junta directiva de CIDICCO, ha finalizado su relación de trabajo con Zamorano... Ella tiene interés de participar en ciertos proyectos... Entre otras opciones, está particularmente interesada en finalizar la revisión del libro».

Margoth aplicó su autoridad editorial y nos sacó del empantanamiento.

Milton y Raúl se concentraron en asegurar el financiamiento necesario, que fue otorgado por la Fundación Kellogg y el Centro Internacional de Investigación y Desarrollo, IDRC, de Canadá. En lo que a mí concierne, obtuve de Kumarian Press los derechos de traducción y los traspasé. El proyecto de la edición en español comenzó con un grupo que creció con la participación del antropólogo Mario Ardón y de varias organizaciones nacionales e internacionales.

☙❧

Cuando escribí *La Finca Humana,* en el transcurso de 1993, yo estaba culminando mi maestría en Administración de Empresas en el INSEAD, ubicado en las inmediaciones de París. Mi prefacio original interpreta la finca humana en el contexto del desarrollo empresarial sostenible y describe un movimiento de base para el programa de maestría de la Organización Internacional de Desarrollo o INDEVOR. Fundada un año después de la Cumbre de la Tierra de las Naciones Unidas —realizada en 1992 en Río de Janeiro— por más de cien estudiantes, personal y profesores, INDEVOR se propuso situar la capacitación y las habilidades gerenciales en el contexto del crecimiento organizacional y comunitario. Esa visión resultó fructífera. En noviembre de 2003, después de trabajar durante diez años para hacer que esas lecciones de responsabilidad social fueran pertinentes para los estudiantes europeos, INDEVOR recibió un reconocimiento de la asociación de graduados de INSEAD por su «contribución a la sociedad».

En Bain también hemos invertido en la responsabilidad social corporativa. En el 2000 abrimos una compañía hermana, el Grupo Brigdespan, el cual brinda consultorías únicamente a entidades sin fines de lucro, que van desde fundaciones comunitarias locales, hasta institutos con un mandato global, como el Consejo de Defensa de Recursos Naturales. Este año Bain está invirtiendo en investigación para identificar cómo los dueños de marcas (Nestlé, Kraft, Nike, Levi's) pueden asegurar prácticas sociales responsables a lo largo de su cadena empresarial. Ahí, nuestro papel es desarrollar herramientas propias de nuestra área, que nos permitan auditar la responsabilidad social. Y Bain es solamente una de las muchas corporaciones globales que se están tomando en serio la responsabilidad social. Los tiempos están cambiando.

¿Qué significa todo esto? Por una parte, que nuestro amigo don Elías estaba en lo correcto: «El desarrollo es un proceso de desplazamiento; buenas ideas desplazan a las malas. Nosotros no 'enseñamos', nosotros compartimos información en dos direcciones». De la finca de capacitación a la parcela del campesino; de las bases a las juntas directivas. La noción de trabajar con la «finca humana» —la cabeza, las manos y el corazón— ha sido compartida y está desplazando formas dañinas de trabajo. Es más, algunos empresarios y grupos comunitarios parecen entender que el aprendizaje, al igual que el dinero, debe ser compartido y reinvertido para lograr mejores réditos. La inversión global en «conocimiento compartido» aumentó progresivamente en la década de 1990, con el desarrollo de la Internet. He visto esfuerzos, como el Programa de Redes de Desarrollo Sostenible de las Naciones Unidas, partir de cero en 1992 hasta involucrar a cuarenta países en el 2004. Conecta a científicos, educadores, comerciantes en pequeña escala y agentes del desarrollo, lo que ayuda a mejorar y salvar vidas al compartir información clave entre las personas adecuadas y en el tiempo preciso. La Red de Desarrollo Sostenible de Honduras, por ejemplo, ha sido uno de los centros principales de diseminación de información para la ayuda y reconstrucción después del huracán Mitch.

Una historia reciente que reúne el Norte y el Sur, es la de Equal Exchange, una cooperativa de trabajadores ubicada en Massachussets, que comercializa bajo la modalidad del comercio justo el café de Latinoamérica y África. En 2003, en la histórica Plaza Copley, el personal de Equal Exchange reunió a productores de café para compartir una experiencia única, capacitarse y celebrar. Merlin Presa, la directora general de una cooperativa nicaragüense de café, me explicó cómo en 1993 —el año que hice el borrador de *La Finca Humana*— los pequeños productores de café de Nicaragua formaron una cooperativa con el fin de producir café orgánico para los mercados solidarios. Estos mercados han sido particularmente atractivos porque garantizan un precio justo a los productores, sin importar las fluctuaciones del mercado.

Sin embargo, a muchos agricultores no les motivaba la idea de adoptar las tecnologías orgánicas. El cambio significaba recultivar sus campos y aplicar nuevas formas de fertilizar el suelo y controlar las plagas. Pero los beneficios los inspiraron. Equal Exchange siempre paga un mínimo de $1.26/libra por el café no-orgánico. Este precio es 58% más alto que el precio mundial de $0.80/libra. Además, los productores recibieron $0.15/libra (o 12% más) por tener su certificación orgánica.

Actualmente la cooperativa vende el 40% de su producción bajo estos términos, por lo que Presa llama a cada libra vendida un símbolo de esperanza para su país. Ella comenta:

> Hace años, el café se vendía a precios más bajos que lo que costaba producirlo. Con los precios de la feria de Comercio Justo nuestros productores pueden alcanzar una vida digna. Significa que podemos sobrevivir y enviar a los niños a la escuela con comida en sus estómagos. Significa que podemos pensar en el futuro.

Esta cooperativa, en asociación con Equal Exchange, está teniendo impacto. Los agricultores en Honduras, capacitados en la Granja Loma Linda, están teniendo impacto. Los estudiantes en INSEAD, quienes llevan mensajes de INDEVOR a sus lugares de empleo, están teniendo impacto. Los negocios y el desarrollo, que alguna vez se pensó que eran dos completos extraños, se han dado cuenta de que tienen mucho que enseñarse y que están aprendiendo uno de otro. Como Elías me dijo en una oportunidad, es de sentido común: «Los banqueros deberían preocuparse por la educación... ¿Cuántos ignorantes van a abrir una cuenta de banco?».

∽∾

Hoy, Raúl, Milton, Laura, Margoth y Mario, consideran este proyecto como un mecanismo de acumulación de «capital social» para futuras actividades. Los fondos que genere la distribución del libro en español serán empleados para diseminar la filosofía y práctica de la Finca Humana. Por ejemplo, el grupo coordinador está pensando en otro libro, en una serie de artículos e, incluso, en un vídeo educativo que permita, sistemáticamente, capacitar a los promotores del desarrollo para que trabajen con sus cabezas, manos y corazones. Para que esto también tenga éxito, se necesitará de la adecuada conjunción de esfuerzos.

Lo anterior no siempre es obvio. La construcción de coordinaciones puede tomar bastante tiempo y empantanarnos. En tales circunstancias, hay que recordar el poder del «quinto agricultor». Él o ella está en alguna parte; él o ella puede ser usted. Mantenga el impulso, únase a otros, reúna socios y salga adelante. Usted descubrirá que ésa fue la forma en que don Elías desarrolló la Granja Loma Linda. Es lo que él predicó a los campesinos; es lo que lo estimuló a seguir adelante y reconstruir después del huracán Mitch. Y es lo que los agricultores, reflejados en este libro, hacen para transformar sus tierras y sus vidas.

Ésta es la historia de la publicación en español de *La Finca Humana*. Bravo por todas las personas que, con constancia, empujaron. Y como solía decir don Elías, «bujías»* son los únicos especialistas que necesitamos para el desarrollo.

---

* «Bujías»: palabra que don Elías utilizaba para referirse a las personas emprendedoras y activas. (N. de los E.)

Don José Elías Sánchez, impartiendo clases al aire libre en Granja
Loma Linda.

Introducción

Our meddling intellect
Misshapes the beauteous
Form of things
We murder to dissect
William Wordsworth

El problema del hambre en el mundo no se puede resolver
si la gente local no lo aborda como un conjunto
de numerosos problemas locales relacionados
con la ecología, la agricultura y la cultura.
Wendell Berry
The Gift of Good Land

Además del parloteo de los políticos en sus montañas de promesas de papel; del susurro de los ecoturistas y del latido de manifestantes y de medios de comunicación, escuché, en la Cumbre de la Tierra de las Naciones Unidas, celebrada en Brasil en 1992, un mensaje claro: el buen desarrollo comienza con la persona, en su familia, en su casa, en su comunidad. Mientras los representantes gubernamentales reunidos en Río debatían sobre la política internacional, un mensaje sencillo —el desarrollo sano comienza en casa— era llevado a través de las playas de la ciudad hacia la multitud reunida en una «cumbre» paralela

27

organizada por los pueblos: El Foro Global. Exposiciones de tecnologías, discursos, música, canto, danza y culto religioso rendían tributo a la necesidad de las personas y de las familias de involucrarse en el desarrollo comunitario en forma física, intelectual y espiritual.

Algunos argumentarán que este mensaje pudo y debió presentarse sin tanta ostentación. Pero los bombos y platillos llamaron la atención y generaron un apoyo entusiasta para el tema más importante de este tiempo y de todos los tiempos: nuestra relación con el Creador y nuestra particular mayordomía de la Creación. Las preguntas obligadas fueron: ¿Hacia dónde conducirá todo el entusiasmo engendrado por esta cumbre internacional de investigación y celebración? ¿Cómo orientarlo? ¿Cómo protegerlo del desencanto de un proceso político que neutraliza la medicina, para lograr que mucha más gente beba de la copa? ¿Qué significado tiene el «buen desarrollo» y cuáles son los pasos que cada uno de nosotros podría dar para fortalecerlo? Si bien una definición de desarrollo sano es «tanto una meta como un proceso que busca alcanzar los objetivos generales de equidad económica, justicia social, integridad cultural y sostenibilidad ecológica», mi punto de vista acerca del buen desarrollo es bastante parecido al de un miembro de la Corte Suprema de Justicia de los Estados Unidos sobre «obscenidad»: «Lo reconozco cuando lo veo».

El proceso de desarrollo comunitario sostenible no se puede encerrar en una frase. Podemos describir los pasos recorridos para mejorar el uso y cuidado de los recursos, pero éstos nunca son estáticos. Son dinámicos, orgánicos, vivos. No se replican en su totalidad, sino que se adaptan inteligentemente. Nosotros observamos, experimentamos, aprendemos y crecemos. Algunas personas, entre ellas yo, inician el viaje del entendimiento con sus ojos. Algunas, entre ellas yo de nuevo, aprenden de una buena historia. Cuando tropecé con la historia de Granja Loma Linda, supe que había encontrado una.

La Finca Humana es la historia de Granja Loma Linda —un centro de capacitación para campesinos— y de su influencia en las familias campesinas y sus tierras localizadas en las laderas de la región. Es la historia de don Elías Sánchez, su fundador, el maestro que amaba a su país y a sus paisanos lo suficiente para quedarse y ayudarlos a mejorar sus parcelas, despreciando ofertas tentadoras. Es la historia de Fernando y Vilma, una pareja de campesinos unida por la tradición a un sistema de producción que resta al magro sustento familiar; y de Milton Flores, un joven agrónomo con una buena formación que puso sus conocimientos a disposición de la conservación ambiental y, su método, a disposición del corazón de hombres y mujeres.

Ésta es una historia real de cuatro personas cuyas vidas se juntaron en el dolor y el miedo; la alegría y la abundancia, en las comunidades campesinas de las laderas hondureñas. Y es acerca de muchas otras personas cuyas vidas han tocado, emancipado e inspirado. Juntos han transformado el alma de decenas de miles de campesinos pobres, y también grandes extensiones de tierra ahora cultivables en Centroamérica. Sembraron semillas que han dado vida a un movimiento global. Juntos han establecido el desarrollo comunitario saludable.

La Finca Humana es un tapiz que representa el buen desarrollo. Ha sido tejido con las biografías y las filosofías de gente valiente que ha bordado sus fincas humanas con la tecnología para la transformación dada por Dios —cabezas, manos y corazones—. Cómo este tapiz se tejió, es ya una historia en sí misma. Las primeras hebras se hilaron entre septiembre y noviembre de 1991, cuando trabajé con Ted Yamamori, presidente del Programa Internacional Alimento para el Hambriento, y con Eric Thor, director de la Escuela de Agronegocios y Recursos Ambientales (SABER) de la Universidad Estatal de Arizona, en la organización de un simposio sobre seguridad alimentaria y ambiente. Buscábamos dirigir la atención, previo a la Cumbre de la Tierra, hacia una fuente de investigación a escala de la base: lecciones aprendidas por las organizaciones no gubernamentales (ONG), en sus acciones por mejorar la habilidad de las familias pobres para alimentarse y, al mismo tiempo, respetar la necesidad de conservación de la tierra. Los esfuerzos de un dedicado equipo culminaron en una conferencia de dos días celebrada en noviembre de 1991, en la Universidad Estatal de Arizona. A la conferencia, que se denominó «Growing our Future: Food Security and the Environment» (Cultivando nuestro futuro: seguridad alimentaria y ambiente), asistieron más de cien personas entre conservacionistas, profesionales agrícolas y administradores de recursos, provenientes de cinco continentes. Con el apoyo financiero de Alimento para el Hambriento/Japón Internacional, Kumarian Press publicó, a tiempo para la reunión de Río, la memoria de la conferencia. Ésta se convirtió en un libro de ensayos y de estudios de casos.

Durante la edición del libro *Growing Our Future: Food Security and the Environment,* junto con Ted Yamamori y los colegas de Alimento para el Hambriento, Lisa Leff y Karen Randau, dediqué tiempo considerable a un ensayo titulado: «La finca humana: un enfoque de producción alimentaria y conservación basado en la gente», presentado por dos agentes del desarrollo de nacionalidad hondureña. El escrito despertó mi curiosidad, pero no porque la idea que describía fuese nueva: el buen desarrollo comienza cuando se trabaja transformando a las personas, sino porque el lenguaje de los autores era fresco, libre de tecnicismos y lleno de imágenes y argumentos que un agricultor pobre, un campesino, asumiría como propio; por ejemplo:

> Si la mente de un campesino es un desierto, su finca lucirá como un desierto. Para superar los conflictos observados entre los objetivos del desarrollo sostenible y los de la conservación ambiental en países pobres, las organizaciones no gubernamentales (ONG) deben iniciar con un adecuado desarrollo del conocimiento, la motivación y las habilidades de los pobres que son responsables de la producción alimentaria. Debemos dar «un rostro humano» a cualquier programa de seguridad alimentaria y conservación en el

mundo. El problema es la gente, no los árboles, ni el suelo, ni siquiera los cultivos, por lo tanto, debemos trabajar con la gente para cuidar los árboles, manejar las laderas y producir granos básicos...

Si miramos de cerca el tipo de personas que son parte del problema, tendremos que la población meta del proyecto está compuesta por:
Las personas económicamente más pobres.
Las personas con menos educación y capacitación.
Aquellas con un amplio historial de fracasos.
Aquellas que cada vez creen menos en los políticos, en los técnicos e inclusive en las agencias de desarrollo.
Aquellas más apegadas a las tradiciones.
Aquellas con el mayor número de hijos.
Aquellas con mayor vulnerabilidad a las enfermedades.
Si interpretamos bien esta información demográfica, podemos observar que la degradación ambiental de las fincas de los campesinos es sólo una expresión más de la degradación personal y espiritual de aquellos que trabajan la tierra (*Growing Our Future*, pp. 74, 75).

Como era de esperarse, los autores del ensayo resultaron ser de cepa campesina: Elías Sánchez y Milton Flores; ambos criados en el seno de familias rurales, se convirtieron en padre e hijo de un movimiento en Honduras que alimentaba el poder de los campesinos para encontrar, por ellos mismos, solución a su problemática social y ambiental.

En un momento de inspiración, llamé a nuestra editora en Kumarian Press, Trish Reynolds, para saber si ella coincidía en que la historia de estos hombres y el movimiento que generaban eran una instantánea clara del buen desarrollo. Trish respondió con el primero de los muchos votos de apoyo que me brindó. Así, viajé a Honduras para encontrarme con los personajes claves de la historia. Y entre septiembre y octubre de 1992, Milton, Elías y un grupo de promotores del desarrollo hondureños y extranjeros, compartieron conmigo su tiempo, pensamientos, alimento y casa, y me permitieron ahondar en sus vidas. A todos tendrán la oportunidad de encontrarlos en estas páginas: Miriam y Wilmer, Fernando y Vilma, Sonia, Juanita, Cándida, Jorge, Rafael, Francisco, Ramón, Carlos, Margaret, Alfredo, Rolando, Loral, Florentino, Roberto, David, Miriam, Aaron y Mauricio.

No me tracé describir la ruta de un viaje espiritual, pero ustedes encontrarán *La Finca Humana* salpicada de anécdotas de fe, pues el buen desarrollo entraña el espíritu. He conocido muchos campesinos y trabajadores del desarrollo que han establecido nuevas relaciones con Dios y con la familia, a través de un mejor cuidado de su tierra. No pretendí dejar constancia de una filosofía, pero en las páginas siguientes encontrarán una sofisticada sabiduría popular, en la medida en que la transformación personal y comunitaria comienza en la mente. De hecho, el principal obsequio de Loma Linda para los campesinos es el pensamiento nuevo. Tampoco planifiqué escribir un manual sobre tecnologías de agricultura orgánica, aun y cuando las tecnologías innovadoras abundan en Loma Linda y se han convertido en elementos clave en la experimentación cuando los campesinos las aplican en sus fincas. Ellas también son parte de la historia.

Sí abrigué la esperanza de relatar una historia sobre el buen desarrollo. Lo que a continuación presento en espíritu, filosofía, imagen y prosa forma parte de ese esfuerzo. Las vidas pertenecen a sus personajes; el mensaje es su verdad transcrita. En lo que al texto concierne, soy la tejedora y no la artista. Donde encuentren belleza, es de ellos. Los errores son míos.

LOS PERSONAJES

La familia Andrade
Fernando, campesino de Linaca.
Vilma, esposa de Fernando.
Nora Cristina, la hija mayor.
Sonia, la segunda hija.
Juanita, la hija menor.
Jili Michele, nieta, hija del matrimonio
de Nora Cristina.

La familia Flores
Milton, agrónomo de Tegucigalpa, fundador de CIDICCO.
Miriam, esposa de Milton.
Andrea, la hija mayor.
Aarón, el hijo mayor.
Mauricio, el hijo menor.

Personal de Granja Loma Linda
Don José Elías Sánchez (o Elías Sánchez),
fundador y director.
Cándida Osorio, administradora.
Juana Cerrato, cocinera y encargada de limpieza.
Jorge Amador, capacitador.
Jaime Delgado, peón.
Luis Alonzo Morales, amigo de don Elías.

Promotores del desarrollo
Rolando Bunch, ex representante para Centroaméri-
ca de Vecinos Mundiales, fundador de COSECHA,
una asociación de consultores.
Wilmer Dagen, cofundador de ACORDE y de MO-
PAWI.
Miriam Dagen, representante para Centroamérica de
Vecinos Mundiales.
Rafael Díaz, ex supervisor de Elías en la Secretaría
de Recursos Naturales; director de Vecinos Mundia-
les/Honduras.
Margaret Harritt, oficial de programa en ambiente
USAID/Honduras.
Alfredo Landaverde, ex diputado, asesor para la Ley
para el Desarrollo y la Modernización del Sector Agrí-
cola.
Loral Patchen, voluntaria del Cuerpo de Paz, Intibu-
cá, Lempira.
Francisco Salinas, director de proyectos agrícolas, Ca-
tholic Relief Service (CRS), Tegucigalpa.

Roberto Zepeda, extensionista, CIDICCO, El Jute.
Raúl Zelaya, Patricia Cruz, Laura Suazo y Ernesto
Palacios, instructores del Programa de Desarrollo
Rural, Escuela Agrícola Panamericana, Zamorano.
Carlos Zelaya, administrador de la Organización para
la Agricultura y Alimentación (FAO), Tegucigalpa.

Varios
Juanita Cervantes de Franco, Armida Lara Escalan-
te, Camilo Mejía y Lucio Menjívar, estudiantes de
Loma Linda, residentes en Lempira.
Mauro Mendizábal, estudiante boliviano de la Es-
cuela Agrícola Panamericana.
José Benito Ponce y su hijo Andrés Ponce, ex alum-
nos de Loma Linda, residentes en El Jute.
Ramón Romero, profesor de Filosofía y horticultor.
Florentino Santos, ex alumno de Loma Linda, resi-
dente en El Socorro, Comayagua.
Gregorio y Cándida Vásquez, ex alumnos de Loma
Linda, residentes en Semane, Intibucá.

Otros personajes
Frank Ángel, residente en Nuevo México y amigo
de don Elías.
Liliana Sánchez, ex esposa de don Elías.
Sam Zemurray, presidente de la United Fruit Company, fundador de la Escuela Agrícola Panamericana.

1
Hambre en las laderas

Para mí la cosa más triste es saber que un hombre
trabajó su parcela en mayo, junio y julio; y aun así
no tiene maíz o frijoles. No tiene lo suficiente
para comer en su casa, y tiene que vender todo.
Don Fernando Andrade

Al otro lado de la frontera de Texas y del Río Grande, más allá de las chimeneas de Monterrey, las pirámi-
des de Teotihuacán y las barriadas de la ciudad de México, una gran autopista serpentea de arriba abajo, yendo y
viniendo, a través de llanos polvorientos y del zigzag de
las montañas, invocando los escritos de Jack Kerouac y
la música de James Taylor, y suspirando por una cerveza
helada. En cierto punto, al sur de los bandidos y de la
belleza de la populosa capital mexicana, este camino
avanza sobre la frontera hacia Guatemala, asciende por
un tramo frío y brumoso, tan alto que las nubes lo cubren
todo cada día, y que los locales llaman «Alaska». Aquí,
los descendientes del pueblo maya siguen virtualmente
esclavizados a minúsculas parcelas de tierra, sacando a
duras penas alimento para sus familias y un poquito más.
La alegría de su vestimenta tradicional, llena de color,
contrasta con la tristeza de la penetrante mirada con la
que observan a los extraños transeúntes. En estas sus

montañas, después de décadas de lucha guerrillera y represión militar, ellos han aprendido a desconfiar.

La carretera avanza entre volcanes y fincas de café; entre pequeñas comunidades llenas de viudas de guerra y puestos militares fuertemente armados. Enormes camiones diesel, expulsando humo y cargados de frutas, vegetales, pollos y madera, transitan por esta faja de asfalto día y noche. Sus conductores, quienes corren alocadamente como si apostaran por un fin prematuro, le dirán siempre que esta ruta, además de destino, tiene nombre. Se refieren a la carretera Panamericana. Y con más constancia que la vida, la muerte y el libre comercio, conecta a los continentes del hemisferio occidental. En ella, uno se siente de cierto modo fuerte y colmado de determinación. La faja gris deja atrás Ciudad Guatemala y se desvía de nuevo, esta vez hacia El Salvador, por donde han circulado tanques y soldados hacia la zona rural para exterminar a la guerrilla y a la gente del campo; a los comunistas y a los sacerdotes, mano a mano en una guerra civil que recién finalizó. Cortando transversalmente el paisaje, como una corriente sin curso, la carretera y sus alrededores lucen demasiado bien para haber sido desgarrados por la guerra. Billones de dólares en ayuda económica de Estados Unidos se han transferido por este conducto asfaltado en los últimos ocho años para reconstruir la diminuta nación[1]. Pero la carretera es indife-

---

1   Entre 1985 y 1989, el gobierno de los Estados Unidos entregó a El Salvador 2.05 billones de dólares en donaciones y préstamos, convirtiéndolo en el tercer receptor bilateral más grande de la

rente y deja la tierra de guerra y abundancia tan pronto como se adentra en un país más pacífico, Honduras.

Aquí, en un paisaje bondadoso de laderas cultivadas y plantaciones bananeras, parece que los Estados Unidos hace circular una tarjeta donde expresa, para bien o para mal, «Aquí mandamos nosotros». Desde 1985, los Estados Unidos ha preparado esta parte del camino, invirtiendo más de un billón de dólares en ayuda económica[2]. Facilitó un puerto seguro para la Contra durante la guerra civil nicaragüense y ha lubricado los engranajes de los negocios de las compañías transnacionales. En confianza, un hondureño le dirá que el presidente de la nación es el embajador de turno de Estados Unidos, y no el personaje que aparece en las cumbres centroamericanas; que

---

ayuda económica estadounidense para ese período, después de Egipto e Israel. U.S. Bureau of the Census, «Foreign Commerce and Aid», *Statistical Abstract of he United States*: 1991 (Washington, D.C.: Dept. of Commerce, 1991) pp. 799-801.

2 Entre 1985 y 1989, el gobierno de los Estados Unidos proveyó a Honduras 1.01 billones de dólares en donaciones y préstamos, convirtiéndola en el sexto receptor bilateral más grande de la ayuda económica para ese período. Los críticos han llamado esta asistencia a *quid pro quo* de los EUA por la buena disposición de Honduras para servir de trampolín en las operaciones de la Contra en Nicaragua. U. S. Bureau of the Census, Statistical Abstract: 1991, pp. 799-801. Entrevista con Vincent Cusumano, director de la Oficina de Desarrollo Rural de la Agencia para el Desarrollo Internacional de los EUA, Honduras, 30 de septiembre de 1992.

el segundo al mando es el comandante de las Fuerzas Armadas; y que los presidentes civiles ocupan un tercer lugar. Pero todos ellos son viajeros importantes de la carretera Panamericana que conduce, sinuosamente, hacia el sur de Tegucigalpa, la escarpada capital de la nación, y hacia el próximo país, y hacia el próximo, hasta llegar al corazón de Panamá.

Todavía lejos, 30 minutos al oriente de Tegucigalpa, la carretera se bifurca. A la izquierda, el camino describe una curva sobre el paso de la montaña, hacia una prestigiosa institución de 6,000 hectáreas: la Escuela Agrícola Panamericana, que produce la crema y nata de la agronomía latinoamericana. Nutridos con la tecnología occidental y formados mediante una disciplina de corte militar, sus estudiantes tienen una misión: el mejoramiento de la producción y exportación agrícola de la región. A la derecha, una ruta menos transitada, conduce a un camino pedregoso que lleva hacia una comunidad llamada Linaca, donde agricultores sin instrucción cultivan parcelas familiares de menos de 1.2 hectáreas en escarpadas laderas. Su misión, como la de los dos billones de campesinos alrededor del mundo, es alimentar a sus familias. Un campesino de Linaca, don Fernando Andrade, ha estado en esta lucha la mayor parte de sus sesenta y cuatro años de vida.

A primera vista, no hay mucho que ver en Linaca. La pequeña plaza del pueblo está húmeda por las lluvias del invierno, sin vida, y salpicada de basura. Un policía se recuesta con indolencia sobre el marco de la puerta de una casa de adobe, ubicada a cierta distancia de la plaza, y come una mazorca de maíz asada. Las gallinas cacarean y escarban en un patio vecino lleno de lodo y desperdicios. Por su lado, los cerdos se revuelcan en una maloliente porqueriza cercana. No, no hay mucho que ver en Linaca, excepto por el maíz de don Fernando. Es temporada de cosecha y los tallos de este maizal, secándose al sol, sobresalen un metro más alto que los de sus vecinos. Sus mazorcas doblan el tamaño de las pequeñas mazorcas que típicamente resultan del suelo empobrecido y de las sequías de Linaca. Si se le pregunta a don Fernando cómo lo ha logrado, él sonreirá y no hará referencia a las tecnologías mejoradas, de las que hay muchas en la finca, sino a su corazón, a su cabeza y a sus manos, conjunto que denomina su «finca humana». Y si usted se sienta un rato, él le contará cómo, lo que ve en ese momento, no siempre fue así.

La parcela de la familia Andrade, al igual que las parcelas de los dos tercios de campesinos hondureños, está ubicada en una ladera con más de veinte grados de inclinación, de suelo predominantemente arcilloso. Al igual que otros pequeños productores, don Fernando creció trabajando muy duro para producir maíz y frijoles en una limitada superficie, sembrando y cosechando manualmente una extensión de tierra menor a la de los productores grandes, que producen en tierras planas y fértiles, con mano de obra asalariada y maquinaria. Y sus esfuerzos, al igual que el de muchos otros, eran recompensados con una producción menor y pérdida de muchos de los granos cosechados, causada por las ratas. Después de alimentar a su familia, quedaba muy poco para intercambiar y atender otras necesidades relacionadas con la nutrición, la casa y la parcela[3].

De lamentables condiciones como éstas, surgen las trágicas estadísticas del sector rural de Honduras. De los 4.4 millones de habitantes del país, 2.8 millones pertenecen a este sector. La mortalidad infantil alcanza el 13% en algunas regiones[4]. El informe de UNICEF, 1990, sobre la niñez en Honduras, reportó que el 93 por ciento de las familias rurales vivía con menos de 24 dólares al mes. En el sector rural, casi la mitad de los niños menores de cinco año estaba desnutrida[5].

---

3   G. Gálvez, M. Colindres, T.M. González y J.C. Castaldi, «Honduras: Caracterización de los productores de granos básicos», *Temas de Seguridad Alimentaria* No. 7 (Ciudad de Panamá: CADESCA, 1990), pp. 20-38.

4   UNICEF, *Children in Honduras,* Ciudad Guatemala: Dixon Print, 1990, pp. 36-37.

5   Según el *Informe sobre Desarrollo Humano Honduras 2003. La cultura: medio y fin del desarrollo,* en 2003 la población total era de 6, 860, 842 habitantes. En 2001, la población rural estaba conformada por 3,281, 933 (54% del total); el 44.4 % de la población total vivía con menos de dos dólares diarios; en 2003, la tasa de desnutrición crónica en la niñez fue del 34%. Según el Programa Mundial de Alimentos (2003), la tasa nacional de mortalidad infantil en niños menores de cinco años muestra una tendencia decreciente. De 45 por 1000 nacidos vivos en el periodo 1986-1990, pasó a 31 por 1000 nacidos vivos en 2001. La mayoría de estas muertes ocurren

Imagine que trabaja días, horas y semanas con mayor intensidad, con más tiempo y con más hambre que sus vecinos, y que a cambio usted obtiene beneficios menores, niños enfermos, ingreso reducido; y sin idea de cómo mejorar las cosas. Si puede imaginar eso, puede imaginar la angustia de los productores de las comunidades centroamericanas, los campesinos, los Andrade.

Fernando, hijo mayor, llegó hasta segundo grado, pues su padre lo sacó de la escuela para trabajar en el campo. «Ésa era la costumbre en nuestro pueblo; sólo dos años de escuela, después de eso el hijo debía trabajar con su padre», dice don Fernando. Y el trabajo era agotador: primero, quemar los campos para limpiarlos; luego, arar las empinadas faldas con bueyes o manualmente; después hacer un hoyo en la tierra para cada semilla de maíz o frijol; desyerbar; regar a mano en las temporadas secas; y, finalmente, recoger una magra producción. Por años, don Fernando ayudó a su padre y vivió con su familia en una casita de campo arriba del maizal, a una hora de camino de Linaca, por un antiquísimo sendero tallado en piedra. Durante años trabajó con afán, pero los desalentadores resultados nunca libraron a su familia del espectro del hambre. A la madura edad de treinta y tres años, una afortunada distracción llegó a Fernando. Su nombre, María Sabas Zelaya.

---

en el área rural (69.8%), donde la mortalidad infantil por cada 1000 nacidos vivos es de 51, comparada con 36 en el área urbana. (N. de los E.)

María Sabas, o Vilma como la llamaban sus amigas, era una belleza local, con una risa contagiosa e innumerables admiradores. Creció en una pequeña finca, valle abajo de Linaca, a mitad de camino de la parcela de los Andrade. Era vecina de Fernando y, como si la casualidad y la costumbre se hubiesen juntado, todavía no se conocían formalmente. Pero eso cambió una noche, poco después del cumpleaños número diecinueve de Vilma, cuando asistió a una fiesta celebrada en la casa de un primo de Fernando. Vilma cruzó la puerta, Fernando levantó la mirada y la vio. «¿Le gustaría bailar?», le preguntó. Esa noche, él bailó con varias jóvenes, pero fue la casa de Vilma la que visitó al día siguiente. La visitó una vez más y otra vez y otra vez. Al cabo de un año se casaron y, al año siguiente, tuvieron su primera hija.

En los años 1980, las familias rurales de Honduras tenían un promedio de ocho hijos, o duplicaban la tasa de nacimientos de las familias de las áreas urbanas[6]. La estrategia de la familia rural consiste en tener suficientes hijos para asegurar que, por lo menos algunos de los condenados por las estadísticas sobre desnutrición y mortalidad infantil, alcancen la edad suficiente para trabajar en el campo y velen por sus padres cuando éstos no puedan hacerlo por ellos mismos. Los niños son el seguro social de los pobres. Muchos estudios han demostrado que, en la medida que aumenta el ingreso y la educación de la población, y por ende su habilidad para combatir las en-

6   UNICEF, *Children in Honduras*, pp. 5-6.

fermedades y la desnutrición, el índice de natalidad decrece. De hecho, existe una correlación significativa entre mayor alfabetización, especialmente de mujeres, y menor crecimiento de la población[7]. La mejor respuesta a la sobrepoblación y a la pobreza descansa en la educación de las mujeres y en la ayuda para fortalecer sus fuentes de ingresos en comunidades pobres.

Con estas tendencias en el área rural, don Fernando y Vilma dieron un paso poco común y visionario: Decidieron tener hijos de acuerdo a sus posibilidades económicas y no de acuerdo a sus necesidades. En cuanto a Fernando se refería, eso significaba tener sólo un niño —hasta que el niño resultó ser una niña, Nora Cristina. Siete años después, buscando al muchacho que ayudara en la finca, los Andrade lo intentaron de nuevo. Tuvieron otra niña, Sonia Natalia; siete años más tarde, tuvieron otra, Juanita María. Como lo hacía la mayoría de las mujeres en las fincas de las laderas de Honduras, Vilma dio a luz sola, en su cama, después de asegurarse que las gallinas habían comido, la ropa estuviera lavada y que había suficientes tortillas para la familia durante sus horas de parto.

Fernando amaba a sus hijas, pero añoraba hijos que ayudaran en la finca. Entre más trabajaba la tierra, parecía que ésta producía cada vez menos y menos. Frustrado por su difícil situación y sin nada a que asirse más que

---

7   Ejercicio de regresión estadística realizado por el profesor Anil
     Gaba, European Institute of Business Adminstration (INSEAD),
     Fontainebleau, Francia, febrero, 1993.

a la tradición, Fernando prohibió a sus hijas asistir a la escuela. Se animó a cargar una buena pistola y se resignó, como muchos otros propietarios de suelos pobres y pocas habilidades para el trabajo, a la probabilidad de que, un día, abandonaría su finca y se iría, seguido por su familia, en busca de una mejor tierra para rozar y quemar, arar y cultivar.

En los primeros años de la década de los setenta, los Andrade se mudaron de la casa del padre de don Fernando a una pequeña casa de adobe en Linaca; su hermano y cuñada también se trasladaron y se instalaron en una casa frente a la de ellos. Don Fernando sembró maíz y frijol en los alrededores y continuó con su arduo recorrido de todos los días a la parcela familiar de la ladera para cultivar junto con su padre. Valiéndose de un buey que arrastraba una especie de carreta hecha por Fernando de un solo tronco, los dos hombres arrastraban grandes rocas y piedras de los campos. Con un arado egipcio, construido con una pieza de metal y la rama de un árbol, hacían los surcos para la siembra. Pero cada año, cuando removían las piedras y quemaban la maleza para preparar la tierra, la lluvia lavaba más y más la tierra fértil, ladera abajo, hacia un arroyo. Menos y menos maíz crecía.

Un día, cuando labraba por su esquiva cosecha, la colina le jugó una pasada cruel al padre de don Fernando. El anciano tropezó con una raíz, se deslizó en la arcilla húmeda, y rodó por la pendiente. Su espalda se estrelló contra una roca que todavía no habían removido. Fernando lo cargó en brazos hasta la casa en Linaca. Luego lo trasladó al hospital en Tegucigalpa, pero su padre nunca sanó; ni la tierra se arrepintió. El padre de Fernando murió, y su familia tenía menos alimento que nunca.

Ésta es una casa muy triste, pensó Vilma. «No hay nadie que nos ayude y nosotros no tenemos ideas nuevas para mejorar nuestras vidas». Si bien tenían maíz y frijol del campo, los Andrade tenían poco para intercambiar y adquirir otros alimentos, carnes o productos lácteos, y la salud de los niños empeoraba. Fernando pudo haber sucumbido frente a la tentación, como lo hacen muchos campesinos, de vender toda su cosecha por dinero efectivo, hipotecar su próxima cosecha con los prestamistas, y así iniciar el círculo vicioso de pobreza y endeudamiento. Pero su padre le había enseñado algo mejor. Todo lo que él sabía lo había aprendido de su padre: quemar la maleza, sembrar las semillas, y guardar el alimento que se necesita para sobrevivir. Todo lo hizo, y no fue suficiente. Sus perspectivas de supervivencia desaparecían junto con la tierra fértil, y su padre no le había enseñado la cura.

Y así, alrededor de 1978, Fernando se preparó para dejar atrás Linaca y sus raíces y buscar un nuevo hogar en tierra virgen. Ésta era su única esperanza, pensó. De hecho, estaba seguro de ello hasta que otra afortunada distracción apareció en su vida. Su nombre, José Elías Sánchez.

Terrazas con labranza mínima y agroforestería armonizan en Loma Linda.

2
Una finca llamada Loma Linda

La miseria humana no es la falta de dinero; es no saber quién es uno... La insatisfacción es el comienzo del cambio.
Don José Elías Sánchez

Don José Elías Sánchez no es un santo; es un hombre como cualquier otro: tiene pies de barro que no duda en utilizar para asestar fulminantes golpes a todo aquel que interfiere con sus propósitos. Enemigos y amigos por igual llevan sus marcas. Aun así, muchos coinciden en que su obra lo redime: él ha hecho más que cualquier otra persona por mejorar la suerte de los campesinos de Honduras y, quizás, de Centroamérica. Y don Elías estaba a un paso de volcar su severo afecto en don Fernando.

El afecto del que don Elías se vale para provocar el cambio en los agricultores y exigirlo de sus compañeros, es producto de un esfuerzo personal por pasar de una agricultura rural tradicional a un aprendizaje avanzado y a la finca humana, término que acuñó para describir el trabajo innovador, benigno y perseverante, necesario para cultivar suelo vivo.

Nació en 1927, en una finca de 1,019 hectáreas ubicada en el sureño departamento de Choluteca, Honduras. Y no tuvo el «privilegio» de que lo retiraran abruptamente de un segundo grado para obligarlo a trabajar la tierra; pues su padre, dueño de una personalidad dominante, reconocía a un buen trabajador con sólo verlo y prohibió la asistencia a la escuela, a pesar del deseo de su esposa de educar a sus hijos. Mientras el padre decía: «si quieren ganar dinero, no vayan a la escuela», el hijo pensaba: «pero yo quiero aprender». Por una jugada dura del destino, ese deseo de aprender se hizo realidad. Su padre enfermó y murió a la edad de cuarenta y cinco años. Una costumbre injusta despojó a la señora Sánchez de las tierras que ellos cultivaban, permitiendo que éstas pasaran a manos de un hermano del esposo fallecido. Esta mujer menuda, pero de gran fortaleza, tuvo que partir con sus cinco hijos hacia Orocuina. Ahí, en medio de la pobreza, luchó por enviarlos a la escuela. A la edad de catorce años, Elías ingresó a primer grado. Ese logro, ciertamente, cambió su vida.

El muchacho estaba ansioso por estudiar, frustrado por el tiempo perdido y en buena compañía: alrededor de una docena de jóvenes campesinos de mayor edad ingresaron con él a primer grado. Elías, junto con sus hermanas y hermanos, caminaba alrededor de 6.4 kilómetros cada día, de ida y de regreso, para asistir a la escuela. Él tuvo éxito. En 1946, habiendo aprobado diez grados de escuela en seis años, ganó la primera de sus muchas becas. El gobierno de su país lo seleccionó para estudiar en un colegio exclusivo para maestros conocido como Escuela Normal Rural. Estas escuelas se fundaron por recomendación del gobierno de los Estados Unidos después de la II Guerra Mundial, en un esfuerzo de la administración del presidente Truman por crear un nuevo orden mundial que fortaleciera a sus aliados, a nivel de base, y afianzara el modelo de la democracia norteamericana. Con un régimen de enseñanza estricto y muy eficaz, la mayor parte atendida por instructores puertorriqueños, las escuelas normales rurales despertaron en los niños del campo un apetito por aprender que impulsó a muchos de ellos a continuar estudios superiores.

El viaje de Elías comenzó a bordo de un camión lleno de gallinas, cerdos y granos, que, dando tumbos, lo transportó a él y a su atado de posesiones desde Orocuina hasta la Escuela Normal de Varones en Comayagua. Ya en el colegio, Elías descubrió que, sumado a sus cursos teóricos, debía practicar deportes, cocinar, limpiar, lavar; y debía aprender carpintería, herrería y agricultura, el castigo de sus primeros años y que resultó determinante en su formación. Irónicamente, una vez graduado, lo que le tomó tres años, agricultura fue la materia que lo ayudó a impactar como director de una escuela rural primaria en el departamento de Choluteca.

«¿Qué voy a hacer?», se preguntó Elías cuando asumió su primer trabajo como educador en El Corpus y encontró un aula con ochenta niños de cuatro grados diferentes, en una edificación parecida a un granero, con largas bancas de madera. «Éste es un ambiente propicio para murciélagos y lechuzas, pero no para niños», concluyó. Y con eso en mente se dio a la tarea de modificar el aula. Cortó las bancas y las hizo más pequeñas, mandó a deshacer paredes para hacer ventanas y, lo mejor de todo según alumnos y padres, comenzó un huerto escolar. La parcela permitía transmitir a los niños lecciones prácticas en ciencias, estudios de la naturaleza, y trabajo en equipo. Sus logros fueron tangibles en la tierra y en la dieta de la gente. El huerto fue el tema de conversación del pueblo y, luego, el de la región. «Usted es diferente don Elías», le decían los padres de familia al joven campesino convertido en maestro, «a nuestros hijos no les gustaba la escuela, pero ahora cuesta que regresen a la casa». La mayoría parecía estar de acuerdo en que esa persona eficiente y enérgica, con una estatura de 1.65 m, ganaba con honestidad su salario equivalente a 22.50 dólares mensuales.

Si a su llegada a El Corpus Elías experimentó alguna inseguridad, tres años después, en 1952, cuando lo trasladaron a Duyure, pueblo en el nordeste de Choluteca, con un aumento salarial equivalente a 7.50 de dólar, ya estaba firmemente establecido en el lugar y disfrutando los frutos de la enseñanza. Hasta el momento, había aprendido una importante lección: los padres eran la clave en la enseñanza de los niños; los maestros sólo podían complementar lo que los padres enseñaban en el hogar. Y los padres tendían a involucrarse con la escuela no a través de las matemáticas, sino a través de actividades como deporte, música, e incluso con el cultivo de los huertos escolares. Además, en la medida en que los padres, que muchas veces eran analfabetos, se involucraban en actividades escolares, ellos también recibían una educación. El proceso desmitificó la enseñanza superior y aumentó el entusiasmo de la comunidad por los estudios formales. «Hagan un huerto», afirmaba Elías, «así pueden contar con el apoyo de los padres, lo que facilita la labor de enseñar».

Pero los padres de familia no eran los únicos que observaban y aprobaban el enfoque creativo de Elías para educar. Después de un año de enseñar en Duyure y de un año de trabajar en extensión agrícola para una agencia gubernamental, la Secretaría de Educación de Honduras le notificó, por medio de un telegrama, que había sido seleccionado para asistir a una institución internacional de magisterio: la Escuela Interamericana Normal Rural, con sede en Venezuela. En esta oportunidad la beca fue otorgada por la Organización de Estados Americanos, OEA. El propósito de la escuela, otro producto de la administración Truman, era formar equipos de profesionales en salud, economía para el hogar, tecnología, agricultura y administración, y así proveer a las escuelas latinoamericanas de un método de enseñanza integral y práctico.

Elías estudiaba agricultura, y lo hacía bien, pero un curso de comunicación fue determinante para el fortalecimiento de su pensamiento. «No intenten trabajar con la vaca» increpaba su profesor de lingüística, Aristobulo Pardo, «trabajen con la gente que ordeña la vaca». Elías comprendió que la comunicación era una interacción entre el profesor y el estudiante, dependiente en alto grado de lo que el oyente traía consigo para el aprendizaje. Y descubrió que, como oyente, le hacía falta conocimiento: él no había leído los clásicos, cuyos temas estaban en boca de todos sus compañeros chilenos y argentinos. Al descubrir sus carencias en educación, el muchacho que ingresó a primer grado cuando tenía catorce años, comenzó a anotar los títulos de los clásicos, a obtenerlos y a leerlos en su preciado tiempo libre. En ellos encontró mensajes que descubrían la esencia del propósito y de la esperanza de la humanidad. De Mark Twain aprendió acerca de la fundación de los Estados Unidos; de Tolstoi aprendió acerca de la evolución de las naciones. Mientras tanto, otros profesores, después de clases, entrenaban a los estudiantes en deportes novedosos como básquetbol. Entre el trabajo de su curso, los clásicos y los deportes obligados, Elías, cada noche y con gran esfuerzo, lograba llegar hasta su cama, felizmente exhausto.

En 1956, cuando un predicador negro de veintisiete años de edad llamado Martin Luther King, Jr., saltó a la luz pública como líder del movimiento americano de los derechos civiles, Elías regresaba a su país para aplicar lo aprendido y liberar a los maestros rurales de la tradicional sala de clases vertical y jerárquica. El gobierno lo asignó a la Escuela Normal de Señoritas Villa Ahumada, en el departamento de El Paraíso, al oriente de Honduras. Tenía dos misiones: capacitar a las futuras maestras en técnicas agrícolas y crianza de animales y velar porque la escuela mantuviera su producción de hortalizas para complementar la dieta de las estudiantes. Cuando Elías llegó, la Escuela compraba la mayor parte de sus alimentos; cuando partió, la Escuela los producía.

La transformación que tuvo lugar no ocurrió gracias a la tecnología, sino gracias a la aplicación de la lección de su profesor de comunicación en Venezuela: tener como centro de atención a las estudiantes, las cuales eran vistas como mera mano de obra gratuita. «Demos a las estudiantes algunos incentivos», decía Elías, «asignémosles un porcentaje de las utilidades de la producción». Consideradas por los veinte maestros de la Escuela como valiosas colaboradoras y no como siervas, pusieron manos a la obra en la pequeña finca de la Escuela y obtuvieron dinero suficiente para comprar sus anillos de graduación y otros efectos personales. La Escuela prosperó y sus estudiantes también. La armonía en el proceso de enseñanza evolucionó de una aceptación pasiva a un aprendizaje compiometido. La jerarquía de la institución se había invertido. Elías nombró al portero modelo de liderazgo y animó a los profesores a emular su actitud de servicio. Una vez más, no sólo ojos locales brillaban de interés: la Organización de las Naciones Unidas para la Educación, la Ciencia y la Cultura (UNESCO), descubrió el éxito de Villa Ahumada y exhibía la Escuela como un ejemplo internacional de capacitación efectiva de los maestros.

Por su parte, Elías estaba por beneficiarse, una vez más, del interés de los Estados Unidos en la región. El Servicio para la Educación Cooperativa Interamericana de Honduras (SCIDE), fundado por la Administración Cooperativa Interamericana, programa de la era Truman que antecedió a la Agencia para el Desarrollo Internacional, creada bajo la administración del presidente Kennedy, contrató a Elías para supervisar un programa nacional de capacitación de maestros de educación primaria.

En coordinación con la iniciativa de SCIDE en educación, la Administración Cooperativa Interamericana financió iniciativas en atención primaria en salud y desarrollo agrícola. Como le gusta señalar a don Elías, era el tiempo cuando el gobierno de Estados Unidos parecía interesado en fomentar el buen desarrollo en las Américas. Incluso el nombre de la agencia denotaba una relación igualitaria entre Estados Unidos y sus vecinos. «Miraba el desarrollo como esto», acostumbraba decir don Elías, entrelazando sus dos manos llenas de lodo.

En su caso, la colaboración de Estados Unidos le permitió alcanzar niveles de aprendizaje que su madre nunca soñó para él. Elías creció y se desarrolló como un líder en educación, participando en talleres con sus compañeros de trabajo de SCIDE y, luego, replicando las lecciones aprendidas para los maestros de todo el país. Elías se convenció del efecto multiplicador del buen desarrollo. Finalmente fue promovido al cargo de asistente de la directora de SCIDE, una norteamericana llamada Grace Scott. Dos años después, la recién formada Agencia de los Estados Unidos para el Desarrollo Internacional (USAID), le otorgó una beca para cursar una licenciatura en Educación en la Universidad de Nuevo México, Albuquerque.

Hablando un inglés rudimentario cuando llegó a los Estados Unidos, Elías sobrevivió y obtuvo su título en Educación por ser como lo que ha sido: consistente, persistente e insistente; en otras palabras, un luchador. Los años en Nuevo México fueron turbulentos. Ensanchó sus

horizontes intelectuales y políticos, aun cuando los de
Estados Unidos parecían reducirse. En su primer año de
estadía, Estados Unidos, en un intento de derrocar la Cuba
comunista, sufrió una humillante derrota en Bahía Co-
chinos. Y los soviéticos habían ganado la carrera espacial
al poner en órbita el *sputnik*. Mortificados políticos y científicos estadounidenses se esforzaron por recuperar el liderazgo en el campo tecnológico y la iniciativa en las
relaciones internacionales. Casi de la noche a la mañana,
en nombre de la seguridad nacional, Estados Unidos transformó su currículum nacional de educación en ciencias.
Las ondas obligadas del cambio se expandieron hasta la
Universidad de Nuevo México, que cambió el sistema
decimal por el de matemáticas binarias. Aunque confun-
didos, Elías y sus compañeros extranjeros evolucionaron
con el currículum. Al final de sus estudios, Elías, como la
mayoría en América, fue golpeado por la noticia de que
un francotirador había asesinado al presidente Kennedy
en Dallas. Aquellos que procedían de países como Honduras, en donde militares y civiles todavía se alternaban
en el poder, y se buscaba el significado de la democracia,
experimentaron una gran frustración al descubrir que asesinos sangrientos podían dirigir los destinos políticos en
Estados Unidos.

Elías, aún soltero y con treintisiete años de edad, se
reincorporó al SCIDE en 1964. Cuatro años más tarde
regresó a Albuquerque para obtener su maestría; esta vez
lo acompañaron su esposa, Liliana, y su pequeño hijo
José Elías. Se tomó su tiempo, vio con atención su entor-

no y se casó con una trabajadora social. Las nuevas responsabilidades de esposo y padre fueron más fáciles gracias al continuado padrinazgo del gobierno de Estados Unidos: la USAID le otorgó otra beca para la Universidad de Nuevo México y SCIDE mantuvo su salario. El muchacho que casi no asiste a la escuela, nunca la pasó tan bien. Se comprometió a llevar su aprendizaje a Honduras, sin importar las oportunidades que se vislumbraran en Norteamérica. «Suceda lo que suceda», dijo, «regresaré a mi patria».

De regreso en Nuevo México, el gobierno de Honduras lo nombró cónsul honorario en Albuquerque, una mención que le abrió las puertas a la clase alta del lugar. Era el año 1968; la guerra arreciaba en Vietnam; y grupos minoritarios de los Estados Unidos, que luchaban por poner fin a leyes y prácticas discriminatorias, perdieron, a manos de asesinos a sueldo, a dos de sus más grandes paladines: Martin Luther King, Jr. y al hermano del presidente Kennedy, el ex Procurador General de los Estados Unidos, Robert Kennedy. Los asesinatos marcaron un año de prolongada violencia urbana y revueltas sociales. En este tiempo, Frank Ángel, parte de un grupo minoritario, se convirtió en el cristal a través del cual Elías observaba no sólo la estructura social norteamericana, sino también la miseria e indiferencia en su propio país.

Frank, uno de los primeros chicanos de Nuevo México en recibir un título universitario, y que había asesorado un proyecto en Honduras, estableció contacto con

Elías y lo acogió, lo mismo que a su familia. Frank instruyó a Elías en las especialidades norteamericanas: desde la construcción de casas modernas hasta la cocina chicana. Lo llevaba a las reuniones de las juntas locales de educación para capacitación práctica en administración educativa. Elías tomó conciencia, cada vez más, del excepcional conjunto de habilidades que estaba adquiriendo y redobló su compromiso de repatriarlo. Después de su graduación en 1969, con cursos en Sociología, Antropología, Educación y Filosofía bajo el brazo y una maestría en administración educativa, Elías ansiaba un rápido regreso a Honduras. La guerra civil en El Salvador impedía el paso por vía terrestre, por eso la familia Sánchez colocó el equipaje en su carro y recorrió a toda velocidad la autopista que lleva a Nueva Orleans, donde podrían tomar la embarcación que los llevaría a casa. En su ansiedad, Elías hizo un giro equivocado en Texas y, tres horas después, descubrió que estaba regresando a Nuevo México. El hombre que tiempo después expresaría que los hondureños que estudiaban en el extranjero a menudo regresaban tan engreídos que «no distinguían a una lora de una gallina», tuvo dificultades para diferenciar el Este del Oeste, en su emoción por volver a la patria.

Al igual que su vocación, la madre de Elías era tan fuerte como un imán atrayéndolo a casa. Con una estatura de tan sólo 1.37 m, Elías les comentaba a sus amigos que su madre estaba hecha «de madera dura». Cuando su padre murió, la vio implorar un préstamo en el banco, sólo para que se lo denegaran. Vio a una mujer

fuerte desmoronarse y llorar, y eso partió su corazón.
«Cuando tenga dinero se lo voy a dar a mi mamá» fue
una de las promesas que hizo y que cumplió: él se convirtió en su consejero y su soporte hasta el día en que ella
murió. Sólo hubo una promesa que Elías optó por no
cumplirle a su madre: la de no casarse durante ella estuviera con vida. «El problema es que nosotros tenemos
sangre india y nunca morimos», diría Elías más tarde. Su
madre vivió casi cien años y nunca olvidó, tampoco lo
hizo su hijo, que ella era merecedora de los primeros frutos de su amor. Ésta fue una realidad que la esposa de
Elías, Liliana, tuvo que aceptar[8].

En su retorno final a Honduras, Elías fue nombrado,
de nuevo a través de SCIDE, director de la Escuela Nacional de Agricultura. Pero esta vez SCIDE no pasaba
por su mejor momento. Un año después, la agencia gubernamental de Estados Unidos cerraba por etapas y
con ello desaparecían los buenos salarios y los vehícu-
los de la oficina. Elías y sus colegas se encontraban como
parias en el mercado laboral nacional, sospechosos de
ser agentes de la Agencia Central de Inteligencia de los
Estados Unidos. «Estamos en el infierno, el gobierno
[hondureño] no nos dará una oportunidad», pensó Elías.
Y enfrentó esta desconsoladora realidad con la sabiduría proporcionada por sus antiguos huertos escolares: «un
horticultor puede poner sus plantas donde quiera. Si un

---

8   Entrevistas con Elías Sánchez y Miriam Dagen, 24 de septiembre – 4 de octubre de 1992.

día Dios me dice, 'no te plantes aquí', yo debo ubicar-
me en otro lugar». De esta forma Elías, beneficiario de
la mejor parte de las oportunidades internacionales,
tomó un nuevo rumbo y dedicó sus energías a las instituciones nacionales. Primero trabajó en la Universidad
Nacional Autónoma de Honduras, donde los beneficios
de ser funcionario de una agencia de los Estados Unidos
disminuyeron ostensiblemente. Después se unió a la
Secretaría de Recursos Naturales como coordinador de
un programa regional de desarrollo rural. Más importante aún, comenzó a pensar cómo podría utilizar un
pedazo de tierra virgen en ladera que había comprado, y
que se encontraba a media hora de la capital. Ahí él
quería enseñar a los campesinos de las laderas cómo
utilizar sus cabezas, sus corazones y sus manos para
mejorar sus vidas.

Uno de sus primeros pasos para alcanzar tal fin fue
tocar las puertas de un naciente movimiento de organizaciones de desarrollo de base, en su gran mayoría frutos
de los ministerios de las iglesias para asistir a los pobres.
Alrededor de 1972, la Iglesia Católica dio vida a un movimiento de estudio de la Biblia desde las comunidades,
la Celebración de la Palabra, que tenía un componente
de alcance social. Entre otras cosas abogaba porque los
campesinos no continuaran quemando sus campos y activamente conservaran suelos fértiles. Las iglesias pro-
testantes, en su mayoría evangélicas, habían formado una
organización sin fines de lucro denominada Diaconia, palabra derivada del griego para «servicio», connotando apo-

yo a las necesidades físicas y espirituales. Cuando las tropas de Estados Unidos en Vietnam estaban en sus últimos meses de combate, Wilmer Dagen, un menonita de Alabama opuesto a la guerra, se unía a la causa de Diaconia, optando trabajar por el desarrollo.

Wilmer contrató a don Elías para impulsar el trabajo de Diaconia en la zona norte. En ese tiempo, don Elías combinaba su trabajo gubernamental en extensión rural con el de impartir cursos de capacitación bajo el programa de Diaconia. De hecho él, como tantos otros empleados públicos de países en desarrollo cuyos bajos salarios gubernamentales a menudo demandan tener dos empleos a la vez para cubrir sus necesidades, usaba el sombrero del sector público y el del sector privado

Por su educación en Estados Unidos, Elías se autodenominaba el «gringo quemado», Wilmer era el «latino blanco», quien se consideraba ayudante de campo del personal hondureño[9]. El dúo mantenía buenas relaciones con donantes nacionales e internacionales, con funcionarios gubernamentales, con la gente del pueblo y con los productores. Juntos visitaban las comunidades rurales de todo el país y capacitaban a los agricultores en conservación de suelos y autoestima. La esposa de Wilmer, una norteamericana de nombre Miriam, tenía unos cuantos días de haber llegado al país cuando don Elías apareció en su puerta a las dos de la mañana: Wilmer y él tenían que hacer trabajo de campo. La ilusionada esposa llegó a Honduras

---

9   Entrevista con Wilmer Dagen, 30 de septiembre de 1992.

sólo para descubrir que su competencia era un hondureño chaparro y quisquilloso. Miriam se reía y decía: «Mi rival es don Elías». Muchas veces, incapaz de competir con el enérgico amigo de Wilmer, Miriam comenzó a atender hasta tres trabajos y a almorzar con la esposa de Elías, Liliana, quien para ese tiempo ya tenía dos hijos.

En 1974, Elías y Wilmer fundaron otra organización sin fines de lucro: la Asociación Coordinadora de Recursos para el Desarrollo (ACORDE). Wilmer se convirtió en asistente de Elías y en codirector. Pero desde sus inicios, la Asociación, que organizaba cursos de capacitación en desarrollo humano y agricultura, estaba virtualmente bajo el mando de un solo hombre, marcada por la extraordinaria y recia personalidad de don Elías. Con su evidente mal genio y terquedad, los hondureños que empleaba la organización no permanecían por mucho tiempo. Frente a la carencia de personal de tiempo completo, ACORDE se propuso simplemente promover, coordinar y canalizar recursos nacionales e internacionales hacia el sector rural de Honduras. Algunos de los primeros recursos identificados por don Elías fueron recursos nacionales: los de la Secretaría de Recursos Naturales. Ese mismo año, el gobierno lo nombró director de su programa nacional de capacitación para extensionistas agrícolas, con la misión, que el mismo Elías se asignó, de aumentar la credibilidad de los extensionistas entre los campesinos. Él decía: «A los profesionales latinoamericanos les hace falta compromiso. Nuestro gran reto no es mejorar sus obras manuales, sino sus corazones».

Su supervisor en la Secretaría, Rafael Díaz, quien simpatizaba con Elías, le decía que era «una voz clamando en el desierto», por su enfoque de base en extensión rural. Sin embargo, con el transcurso de varios años, el campo de acción de Elías le permitió influir en el desierto donde clamaba: puso su sello en cerca de 600 empleados públicos y tres mil agricultores. En la búsqueda de oportunidades prácticas para capacitar a sus pupilos, y establecer contactos para ACORDE, Elías identificaba comunidades rurales con potencial para recibir capacitación. Posteriormente, establecía el contacto entre sus extensionistas y los agricultores. Cuando los productores respondían positivamente, organizaba viajes de campo para mostrarles técnicas pioneras del cultivo en laderas. Un destino frecuente era la parcela del guatemalteco Marcos Orozco, un miembro del personal de la organización de desarrollo internacional sin fines de lucro, Vecinos Mundiales.

Trabajando en y para su país, Marcos enseñaba a los agricultores conservación de suelos plantando en terrazas, excavando zanjas a contorno para captar y canalizar el agua lluvia, y sembrando barreras vivas para retener el suelo. No cabe la menor duda que muchos campesinos hondureños viajaron a Guatemala sólo por la oportunidad de ver lugares desconocidos. Pero retornaban con la imagen de hombres y mujeres, diferentes a ellos, cuyas ideas y esfuerzos habían domesticado empinadas laderas y fortalecido la confianza de los campesinos.

Y fue así cómo, un día de mayo de 1978, su instinto lo llevó hasta la pequeña comunidad de Linaca y hasta la casa de adobe encalado de Fernando Andrade, un hombre de aproximadamente la misma edad de Elías, que había renunciado a todo menos a la esperanza de mejorar su parcela. Los hondureños tienen una expresión popular para detectar la verdadera naturaleza del hombre: «De lejos uno huele mal, pero de cerca peor».

Según el olfato de Elías, don Fernando exhalaba potencial. Durante las primeras conversaciones, arisco e introvertido, don Fernando ni siquiera miraba a don Elías a la cara. Más bien, desviaba la mirada hacia el piso de tierra y, automáticamente, ponía su mano en la funda de la pistola. Fernando tenía poca experiencia de trato con empleados de gobierno y ninguna razón para confiar en ellos. Al verlo, don Elías pensó, «le da más crédito a su pistola que a su inteligencia». Pero sabía que eso cambiaría y dijo: «Señor, yo soy Elías Sánchez, y me gustaría trabajar con usted para cosechar más maíz».

Aun con reservas, a Fernando le impresionó que don Elías, un hombre con posición social y profesional, estuviera sentado en su casa, hablándole de igual a igual. Había estado a punto de abandonar la comunidad en busca de mejores tierras, pero le entusiasmó la idea de recibir un curso de capacitación para agricultores en Linaca; y se comprometió a divulgar la actividad. Cerca de media docena de productores, incluyendo al hermano de Fernando, Edilberto, asistieron al curso. Para su sorpresa, encontraron extensionistas que, en lugar de enseñar tecnologías modernas, enseñaron técnicas tradicionales prácticas para la conservación del suelo. Aprendieron a construir terrazas, una técnica que fue utilizada ampliamente cientos de años atrás por los agricultores de los Andes, los incas. Aprendieron a ubicar zacates, árboles y setos para proteger las terrazas, a cavar zanjas en contorno y a reducir el trabajo preparando solamente una pequeña franja en cada terraza —una técnica que don Elías había desarrollado y denominado labranza mínima.

Los agricultores entendieron que el suelo era el alimento que sus cultivos necesitaban, así como las cosechas eran el alimento que sus hijos necesitaban. Pero no entendían qué era lo que hacía al suelo saludable o las razones por las cuales sus hijos se enfermaban. Sabían que los grandes productores usaban fertilizantes y pesticidas químicos, pero la mayoría de los pequeños productores no podía comprarlos. Se sorprendieron al conocer que su suelo también necesita alimento, y que su alimento favorito, la materia orgánica, se encontraba esparcida en las calles y patios de Linaca. El curso de don Elías dedicaba un día completo a la preparación de abono orgánico con papeles viejos y otros desperdicios como tallos de maíz, cáscara de frutas y residuos de las plantas de frijoles, y después a demostrar cómo el abono se podía mezclar con el suelo en las angostas franjas de labranza mínima para crear un surco fértil donde sembrar la semilla del maíz y del frijol. Don Fernando estaba entusiasmado. Por fin, él y Vilma miraban un destello de esperanza para sobrevivir en los suelos pobres de Linaca y estaban dispuestos a poner en práctica la idea. El curso demostró que si bien la técnica de su padre de quemar los terrenos, con el fin de prepararlos para la siembra, contribuía a eliminar la maleza, también destruía los organismos y residuos que mantienen el suelo con vida —los tallos viejos y las hojas muertas—, así como a los gusanos y lombrices que los descomponen en alimento orgánico rico para la semilla del maíz. Don Fernando emitió un edicto para su pequeña familia: de ahora en adelante, el patio debía estar limpio de basura; todos los desperdicios tenían que depositarse en su nueva abonera orgánica.

Para don Fernando, los nuevos métodos de conservación del suelo significarían más trabajo manual tedioso, ya que los bueyes eran muy grandes para arar las angostas terrazas. Pero también significarían una producción mayor en menos tierra. Si todo salía bien, él podría cultivar la tierra alrededor de su casa en Linaca, más las inclinadas laderas a una hora de camino que su padre había cultivado por años. Según los planes, recogería una cosecha mayor a la que normalmente obtenía. El olfato de Elías no lo había llevado por mal camino. Don Fernando exhalaba amor por sus tierras y voluntad de trabajar duro con sus manos; y poseía una mente que ansiaba ideas nuevas. Exhalaba tal compromiso que nada en Linaca lo detendría en su afán de obtener la mejor milpa del pueblo. Al final del curso, don Fernando y Vilma invitaron a los otros campesinos a su casa para una ceremonia de clausura. Cuando Elías se despidió de don Fernando, éste lo miró directamente a los ojos.

Elías desarrolló un interés personal profundo por el progreso de don Fernando y lo visitaba regularmente. Lo llevó, junto con otros campesinos, a ver el trabajo de Marcos

Orozco en Guatemala. Cuando Elías hablaba con Fernando y observaba los cambios en la finca de los Andrade, sus planes para su tierra iban tomando forma. ¿Podían los campesinos sobrevivir en estas laderas? ¡Sí! ¿Los profesionales hondureños enseñaban agricultura en laderas? ¡No! Elías, el iconoclasta, organizaría un centro de capacitación para pequeños agricultores en una tierra igual de empinada e intimidante a la de ellos. Ahí podrían llegar, trabajar, aprender y comprobar que usando la maquinaria de su finca humana —cabezas, manos y corazones— ellos podrían extraer ricos frutos de esas laderas pedregosas. Harían uso de las tradiciones positivas de la región: unas tan antiguas como los sistemas de irrigación de los mayas. Los campesinos se darían cuenta que la maquinaria de su finca humana tenía la llave para resolver otros problemas —la salud de sus hijos, su vivienda, su felicidad.

Así como Elías había descubierto que los huertos familiares eran el secreto para obtener la participación de los padres en la educación de sus hijos, así esta finca de capacitación podría ser el secreto para atraer a los campesinos y promover la educación de sus familias y comunidades. Era una idea ambiciosa y demandaba mayores recursos. A través de ACORDE, Elías organizó la venida a Honduras de Vecinos Mundiales, la organización de Marcos Orozco, para trabajar en extensión rural con las bases. Y con sus propias manos, un gran corazón y un pequeño préstamo de Vecinos Mundiales, don Elías comenzó a organizar la Granja Loma Linda, la bella finca de la colina, porque él vio la tierra y supo que era buena.

Granja Loma Linda, a orillas del río Chiquito, antes del huracán Mitch.

Don Elías y sus educandos preparan la tierra.

Alcantarillas hechas con
llantas viejas.

Don Elías muestra a
agrónomos visitantes
algunas de las tecnolo-
gías realizadas con
llantas usadas.

Cultivo de
hortalizas
en llantas viejas.

Cándida Osorio, la administradora de Loma Linda, en la cocina de la casa.

Mujeres participantes en las capacitaciones comparten en la cocina de Loma Linda.

Tres generaciones de la familia Santos mejoran la parcela, ubicada cerca de El Socorro.

Katie Smith Milway

Miriam, Milton, Mauricio
y Aarón Flores, en
Tegucigalpa.

Andrea a los 8 años... como
estaba cuando se fue.

Roberto Zepeda
y Milton Flores,
de Cidicco.

3
De maíz y cultivos de cobertura

Cuando se egresa del Zamorano, uno tiene tres ideas en mente: ser propietario de una finca y hacer bastante dinero; continuar los estudios para obtener una maestría e ingresar al mundo académico; trabajar para el gobierno.

Milton Flores

Mientras Elías Sánchez circulaba por la carretera Panamericana en la década de 1970, y descubría comunidades dispuestas al cambio, otro hombre, aún en su adolescencia, descendía por la misma carretera, pasaba Linaca y, al dejar atrás la montaña, entraba a las extensas instalaciones pulcramente atendidas, de la Escuela Agrícola Panamericana. Ingresar a la famosa institución, mejor conocida por su anterior nombre de hacienda —Zamorano—, había sido el sueño de infancia de Milton Flores. Como muchos de los jóvenes latinoamericanos, Milton sabía que un título de Zamorano, por lo general, significaba un pase para un buen empleo, para una carrera académica o, lo mejor de todo, para ser propietario de una finca comercial. Seguramente, por el futuro de jóvenes brillantes como Milton, otro soñador, el magnate norteamericano del banano Sam Zemurray, fundó la institución [10].

---

10   Escuela Agrícola Panamericana (EAP), *Zamorano, 50 Years*, Tegucigalpa: EAP, 1992.

Sam Zemurray, un inmigrante ruso que llegó a los Estados Unidos a finales de la década de 1880, a la edad de once años, se sintió cautivado por las frutas tropicales, frutas exóticas en Europa del Este. Con tan sólo veintiún años, ya había amasado una fortuna gracias a la venta de bananos importados en Mobile, Alabama. Después se trasladó a Puerto Cortés, en la costa noroeste de Honduras, y fundó la Cuyamel Fruit Company, que fue comprada en 1930 por su principal competidora, la ex United Fruit Company (UFC). Su próximo paso fue adquirir, sin hacerse notar, acciones de la UFC, hasta que un día se presentó ante la junta directiva en calidad de socio mayoritario, convirtiéndose en presidente de la compañía. La United Fruit Company (hoy Chiquita Brands International, en Cincinnati, Ohio), cambió el rostro de la agricultura centroamericana al adquirir grandes extensiones de las mejores tierras cultivables de la región. Trabajó de la mano con los gobiernos nacionales, muchos de ellos militares, que la favorecieron con exenciones de impuestos y concesiones ferroviarias. Ambos creaban fuentes de empleo y obtenían márgenes de utilidad gracias a la mano de obra barata, yendo al paso de los capitalistas estadounidenses del nuevo siglo como Stanford y Vanderbilt. No todas las maniobras políticas eran públicas. En Guatemala, la UFC apoyó de forma encubierta un golpe de Estado en 1954, con el fin de derrocar al primer presidente democráticamente electo, Jacobo Arbenz, cuya política de reforma agraria contemplaba la confiscación de tierras que se encontraban en manos del magnate del banano[11].

En la línea de Stanford y Vanderbilt, la UFC de Zemurray decidió compensar la región que había llenado sus arcas, y que él llamaba hogar, con la creación de un instituto de enseñanza superior. En 1942, Zemurray fundó la Escuela Agrícola Panamericana en una hacienda de 810 hectáreas, que la UFC compró a la esposa del general Tiburcio Carías Andino[12], en ese tiempo el hombre fuerte de Honduras. La Escuela tenía como misión mejorar el desarrollo agrícola centroamericano a través de la formación de agrónomos prácticos y de calidad. Sus lemas son «Aprender Haciendo» y «*Labor omnia vincit*» (El trabajo todo lo vence). El resultado fue un centro de entrenamiento agrícola, donde los estudiantes se levantaban a las 5:30 a.m. para trabajar el campo y se acostaban, exhaustos, a las 10:00 p.m. Intercaladas estaban las clases de la tarde en «agricultura moderna» y horas de estudio obligatorio.

Hasta 1958, Zamorano fue dirigida por estadounidenses y financiada en su totalidad por la UFC[13]. La política de la Compañía prohibía la contratación de los egresados para asegurar que los prodigios de la Escuela circu-

---

11 Stephen Schlesinger y Sephen Kinzer, *Bitter Fruit: The Untold Story of the American Coup in Guatemala*, New York, Doubleday, 1982.

12 EAP, *Zamorano*, p.10

13 Después de 1958, el financiamiento de la Escuela se diversificó e incluyó donantes que no pertenecían a la UFC.

laran por las empresas agrícolas de Centroamérica. En los primeros años, el personal de Zamorano visitaba fincas y comunidades a lomo de mula para reclutar estudiantes; no se requería un diploma de conclusión de estudios secundarios. Los edificios de los dormitorios estaban hechos de ladrillo y arcilla, la electricidad emanaba de bombillos desnudos y los estudiantes limpiaban la tierra y construían cercos para desarrollar el campus. Para estos primeros estudiantes, graduarse estaba lejos de ser una realidad: en 1947, por ejemplo, de una clase de sesenta estudiantes sólo la mitad sobrevivió al programa de agronomía de tres años requerido para la graduación[14]. Aquellos que tuvieron éxito siguieron adelante y se convirtieron en influyentes hombres de negocios, académicos y secretarios de Estado.

Después de 1979, bajo la dirección de un dinámico egresado de Zamorano, Dr. Simón E. Malo, la Escuela experimentó una dramática expansión y modernización: 6,000 hectáreas y 115 asignaturas, incluyendo estudios de desarrollo rural y tecnología apropiada. Pero cuando Milton Flores ingresó, en 1974, se unió a una clase de sólo sesenta y tres estudiantes, un cuarto de ellos hondureños. que creían que el futuro de la agricultura centroamericana descansaba en los tractores John Deere y en los misterios de la agricultura química de Norteamérica.

Al igual que don José Elías Sánchez, Milton tenía raíces campesinas. Su abuelo sembraba en una pequeña

---

14   EAP, *Zamorano*, p.13.

aldea cerca del centro minero de los años 1950 denominado Minas de Oro, en Comayagua, departamento del
centro de Honduras. Tres de los tíos de Milton se convirtieron en agricultores de la región. Pero el padre de Milton, diferente al padre de Elías, tenía planes urbanos para
la educación de sus hijos. Él se casó y se trasladó a la
capital, donde trabajaba como mecánico; su esposa trabajaba como enfermera. Pero, así como una vuelta del
destino en la vida del padre de Elías contribuyó a que un
muchacho de catorce años, deseoso de ir a la escuela aban-
donara la parcela familiar, un giro en la vida del padre de
Milton hizo que un niño lleno de ingenio regresara al campo. En 1960, cuando Milton tenía tan sólo cinco años de
edad, su padre fue hospitalizado debido a un accidente
de trabajo. Milton tuvo que volver a Minas de Oro, donde vivió con una tía.

Los meses de tratamiento inicial de su padre se ex-
tendieron a seis años de intervenciones médicas. Durante este tiempo, Milton creció ordeñando vacas, sembrando y cosechando maíz y frijoles. Nunca pasó hambre,
pero hubo días durante los cuales sólo comía frijoles y
tortillas. Cuando a la edad de once años regresó a la capital para vivir con sus padres y asistir a una escuela secundaria privada, Milton tenía claro que él quería ser, por
sobre todo, un agrónomo, un agrónomo de Zamorano.

Fue un estudiante talentoso y aprobó los requisitos
de ingreso a Zamorano, pero pagar el exorbitante costo
de matrícula de la Escuela (en 1992, el equivalente a 6,280
dólares anuales) demandó de recursos externos, por lo

que la familia solicitó un préstamo. El padre de Milton, orgulloso del brillante futuro de su hijo, lo escoltó por la carretera Panamericana y después por una majestuosa avenida bordeada de gigantescos benjamines (*Ficus benjamina*), hasta llegar a la plaza central de Zamorano, rodeada de edificios de piedra caliza. «Cuídese hijo», le dijo, pasándole algún dinero para sus primeros meses de internado. Milton miró su bolsillo y sonrió. Su padre le había dado el equivalente a dos dólares.

No necesitó mucho tiempo para apropiarse de la esencia de Zamorano: estudio disciplinado, trabajo duro y compromiso con la excelencia. Las distracciones eran pocas: los estudiantes usaban pantalones de mezclilla y camisas de trabajo azules y la única compañía femenina disponible se ocultaba, para los iniciados que tuvieran la osadía, en las plantaciones de bambú, cerca del aserradero, los sábados por la tarde[15]. Las obligaciones matutinas de Milton, en los campos de producción de Zamorano, iban desde remover piedras hasta sembrar granos, regar las plantaciones de cítricos, fertilizar las parcelas con hortalizas, cosechar café, alimentar el ganado, ordeñar las vacas, procesar carnes y elaborar quesos. Para los estudiantes fatigados por la rutina había un peculiar recordatorio del relativo tiempo libre proporcionado, al agricultor moderno, por la mecanización. El primer tractor de la Escuela, un John Deere, estaba inmortalizado sobre un pedestal de ladrillos, cerca de la gasolinera del campus,

---

15   Entrevista con Milton Flores, 29 de septiembre de 1992.

con la inscripción: «Descansa, has triunfado». Los estudiantes hondureños, atrapados por la emoción de la mecanización, pasaban por alto sus límites —los tractores no podían funcionar en las laderas con veinte grados de pendiente que cubren la mayor parte del país. La obsesión de los estudiantes era *aumentar la producción a cualquier costo.* Como muchas escuelas agrícolas de mediados del siglo veinte en América, Zamorano se esforzaba por producir más plantas por área sin darle mayor atención a la integralidad ecológica. «Podemos obtener más maíz del que uno se pueda imaginar», pensaba Milton. Era sólo cuestión de maquinaria y fertilizantes.

Zamorano era un sendero duro de desbrozar académica, física y emocionalmente. Pero cuando sus tres años estaban por finalizar, Milton se sintió orgulloso de sus logros. Poco tiempo después de su ingreso, el gobierno alemán le otorgó una beca, alivianando la carga financiera de sus padres; durante todo el programa superó, con éxito, cada reto académico. Con un título de Zamorano en sus manos, otro sueño se había convertido en realidad: tres días después de la graduación, celebrada bajo la arcada de benjamines por donde su padre y él entraron por primera vez al Zamorano, comenzó a trabajar para el Programa Nacional de Catastro de la Agencia de los Estados Unidos para el Desarrollo Internacional, USAID. «Mi meta principal era tener un buen carro», confesaría luego. A la edad de veintiún años, tenía bajo su responsabilidad a once profesionales, todos trabajando en la Sección de Suelos del Departamento de Recursos Naturales, en un proyecto que estaba levantando un inventario de los recursos naturales del país y elaborando mapas para futuras iniciativas de desarrollo regional. De esta forma se involucró en el trabajo del desarrollo. Pero, para él, sus logros eran puramente técnicos. En su primer viaje de campo, USAID le dio un anticipo de 118 dólares y, después de su primer mes de trabajo, un cheque de 300 dólares en calidad de salario. Con asombro descubrió que estaba aportando a su casa más de lo que su padre había ganado durante gran parte de su vida. Dos años después se trasladó a la Secretaría de Recursos Naturales. Se sentía orgulloso del trabajo que realizaba y le gustaba el hecho de trabajar para el gobierno. Con los militares en el poder, la influencia política partidaria era prácticamente inexistente. Parecía que Milton había llegado. Sin embargo, alojada en el fondo de su mente, una duda tenaz crecía: había llegado realmente o, más bien, se había extraviado en el camino.

En el aeropuerto internacional de Tegucigalpa, observando el despegue y aterrizaje de los aviones, Milton sentía como que su vida estuviera a punto de zozobrar en la pista de aterrizaje. «¿Qué es esto?», pensaba, «¿por qué estoy tan deprimido?». El trabajo iba bien: tenía cuatro años de laborar en la Secretaría donde había desarrollado buenas habilidades y ganado una buena reputación. Su vida sentimental tenía altos y bajos, lo cual no era nada nuevo. Sin embargo, de algún modo, la combinación de la rutina profesional y el caos emocional lo hacían sentir vacío y a la deriva. «Qué voy a hacer con mi vida», se preguntaba.

De repente, como el silbido de un jet despegando hacia el azul indómito, una idea cruzó por su cabeza: obtendría otra beca para estudiar, pero esta vez se iría al extranjero. Viajaría a la tierra de John Deere, a los Estados Unidos. Emocionado, concertó una reunión con su ex jefe, el ingeniero Fausto Cáceres, quien estaba al frente de una de las direcciones de la Secretaría de Agricultura.

«He venido a solicitarle una carta de recomendación para una beca de estudios en el extranjero», le dijo a Cáceres, aparentando más confianza de la que realmente sentía. Cáceres dio la espalda al joven solicitante y, sin pronunciar palabra, sacó una hoja de papel de la gaveta de su escritorio; ésta contenía la lista de veintitrés becas académicas para las cuales el gobierno podía nominar candidatos. ¿Cuál te gustaría?, preguntó, «te conozco, y voy a hacer lo que pueda».

Un mes después, Cáceres le dijo a Milton que hiciera sus maletas, pues ingresaría a la Universidad Estatal de Louisiana (Louisiana State University) para un B.S. en agronegocios. Milton no podía creer que su sueño se estuviera convirtiendo en realidad. Regocijado, oró dando gracias. También su vida afectiva estaba mejorando: él y su novia, Miriam, habían resuelto sus problemas; se sentía seguro de que ese amor crecería pese a la distancia. Cuando lo despidió en el aeropuerto, Miriam susurró: «Si no estás seguro de lo que sentís por mí, por favor, escribí una carta —o no escribás, y yo entenderé». Pero Milton se dio cuenta, casi tan pronto como su avión aterrizó en Louisiana, que esa mujer hermosa de pelo negro, sensata y llena de esperanza, era la persona con la que quería compartir su vida siempre. Y así regresó a casa en diciembre para celebrar el nacimiento de Cristo con su esposa. Ellos se casaron la víspera de Navidad.

En agosto de 1985, Milton y Mirian regresaron a Honduras. Con su nuevo título, Milton tenía garantizados mayores avances profesionales. También traían consigo un recuerdo muy especial de su estadía en Estados Unidos: su primera hija, Andrea Alejandra. Después de enterarse que su anterior trabajo estaba altamente politizado bajo el nuevo gobierno civil, Milton consideró trasladarse al sector privado. Tenía la posibilidad de convertirse en funcionario del sistema bancario —quizá en un oficial de crédito para la agroindustria— y ganar más dinero que antes. Pero previo a una búsqueda rigurosa de empleo, un amigo lo convenció de visitar una agencia cristiana de ayuda y desarrollo: Visión Mundial/Honduras, que necesitaba un coordinador de proyectos. Antes de darse cuenta, Milton había recibido y aceptado la oferta de trabajo para coordinar el Programa de Emergencia y Rehabilitación de Visión Mundial. Afortunadamente, fue un período libre de desastres: sin sequía, sin guerras, sin terremotos. Lo anterior permitió que Milton y su equipo dedicaran esfuerzos a prevenir el hambre mediante el desarrollo agrícola. En el transcurso de su trabajo para Visión Mundial, Milton mantenía relaciones con Vecinos Mundiales/Honduras, que rápidamente estaba labrándose un nombre en el mejoramiento de la agricultura. También visitaba a un hombre que, años atrás, había comprado una finca en una ladera sin cultivar y que la había convertido en un centro de capacitación para agricultores. Era el mismo hombre que había hecho posible la presencia de Vecinos Mundiales en Honduras: un tal don Elías Sánchez, de Granja Loma Linda.

Cuando visitaba Loma Linda, Elías le decía una y otra vez: «Milton, la tecnología no es la respuesta, es sólo el medio para ayudar a la gente a desarrollarse». Los dos hombres subían las terrazas llenas de hortalizas, más allá de las aboneras preparadas durante las jornadas de capacitación de fines de semana, que Elías impartía a grupos de campesinos. No había comodidades en la finca; sólo una cabaña, empinadas laderas transformadas en terrazas agrícolas productivas y un río que murmuraba con primor, el río Chiquito.

Si bien la finca estaba llena de tecnologías sencillas o «apropiadas», tales como barreras vivas para retener el suelo en las terrazas y almácigos portátiles hechos con las mitades de llantas viejas, el objetivo primordial, decía Elías, era «que los productores trabajaran con los recursos de su finca humana —sus cabezas, sus manos y sus corazones. Ése es el verdadero secreto del desarrollo».

Milton escuchaba con atención, pero le resultaba difícil hacer a un lado las revelaciones de la educación fundamentada en la tecnología adquirida en Zamorano y en la Universidad de Louisiana. Sin embargo, reconocía que, debido al alto costo de los insumos, una producción agrícola basada en químicos prometía muy poco para el agricultor pobre. Encontraba mayores esperanzas en tecnologías menos caras como las utilizadas en Loma Linda. Pero Elías era implacable en sus críticas al desarrollo agrícola impulsado por técnicos y solía mascullar: «Los agrónomos son una plaga, se pavonean con su equipo y sus respuestas, aplastando plantas y personas mientras siguen su camino». Milton ponderaba las acusaciones y preparaba las respuestas. En su trabajo con Visión Mundial estaba adquiriendo una valiosa experiencia en gerencia, particularmente en la coordinación de un proyecto agrícola concebido a la luz de un enfoque de desarrollo centrado en el productor, adoptado por Loma Linda y Vecinos Mundiales. Comenzó a destinar más y más tiempo para visitar los agricultores, trabajaba a la par de ellos tanto para enseñar como para aprender. Finalmente, a través del estímulo de Elías y de sus propios descubrimientos, Milton encontró su papel como agrónomo — estar cerca de los agricultores no para desarrollar prácticas, sino para apoyar su desarrollo personal.

En 1987, después de dos años «libre de desastres» en el programa de ayuda para emergencias de Visión Mundial, Milton se enfrentó al hecho de no contar más con ese puesto de trabajo; lo asumió con cierto grado de satisfacción, pues consideró que podía ser la oportunidad para comenzar su propia finca demostrativa, parecida a la de Elías. Sin embargo, el director de Vecinos Mundiales/Honduras, Rolando Bunch, tenía una idea diferente: «Por qué no abrís un centro de información sobre cultivos de cobertura, Milton, nosotros podemos buscar financiamiento y vos te hacés cargo de dirigir la organización». Tendría como objetivo ayudar a los agricultores con éxito en la prevención de la erosión y en la conservación de suelos, a dar un paso más: mejorar sus suelos efectivamente. Una rápida dotación de fertilizantes no lo haría posible, pero sí un método permanente, de bajo costo: sembrar leguminosas o «cultivos de cobertura» como frijoles y arvejas, que fijan el nitrógeno en el suelo, junto con cultivos básicos como el maíz, que despoja el suelo de nutrientes.

La visión de un centro internacional de información sobre cultivos de cobertura comenzó con una pequeña semilla de frijol —el frijol terciopelo— que los hondureños de la Costa Norte han utilizado para enriquecer sus suelos por más de quince años. Rolando Bunch estaba seguro de que prácticas similares existían en otras partes de América Latina y del mundo en desarrollo, y Milton estaba interesado en la idea de crear un sistema para colectar, compartir y diseminar dicha información. Concebía un proyecto puramente técnico: investigación, documentación y sistemas de información. Pero Elías intervino y lo convenció de que, para tener algún impacto, la organización debía funcionar eficientemente tanto en el campo, con los campesinos, como en una torre de marfil y más allá de las líneas de transmisión. Después de seis meses de pensamiento, preparación y gestión de fondos, Rolando y Milton aseguraron una donación de 40 mil dólares de la Fundación Ford de Nueva York para un proyecto de dos años y medio. El Centro Internacional de Información sobre Cultivos de Cobertura se puso en

marcha. El agrónomo de Zamorano dejaba atrás una carretera claramente señalizada y se internaba en un camino inexplorado que, como el camino hacia Linaca, estaría lleno de baches y buenos presagios.

4
Preparando la tierra

*Cuando uno se casa, necesita saber cómo es
la persona por dentro y por fuera.
Cuando se siembra, uno tiene que conocer su suelo.*
Jorge Amador

El rostro de Elías Sánchez denota carácter. Su nariz,
que ha hecho un buen trabajo orientándolo hacia campesinos llenos de esperanza, es corva. De sus ojos redondos
y hundidos, rodeados de gruesos párpados y pequeñas
bolsas permanentes, una de ellas pringada con un dimi-
nuto lunar, emana una penetrante mirada. Su cuadrada
mandíbula porta una boca que emplea para entusiasmar
y animar a los incrédulos. Sin embargo, el secreto de su
notable habilidad para la comunicación no se encuentra
en su cara, sino en sus manos, bajo las uñas, donde se
encuentra la rica tierra de Granja Loma Linda, como
prueba de su amor por la tierra que él llama «suelo vivo»
—prueba que, para un campesino, dice más que la cinta
métrica de un agrónomo.

En Granja Loma Linda el secreto de la productividad
de la finca no inicia con la semilla, sino con los millones
de microorganismos que airean y enriquecen el suelo. El
secreto para transformar la relación entre el agricultor y
la tierra descansa en su relación con la lombriz, la hormi-

ga y una multitud de bacterias e insectos que descomponen la materia. Resulta poco probable que un agricultor que hunde sus dedos y sus brazos en la tierra y le da un apretón de mano, sellando así su sociedad con estas criaturas, queme los campos o los envenene de nuevo.

En Granja Loma Linda, estos organismos llaman hogar a 14 hectáreas de inclinadas laderas que arrancan desde cualquiera de los extremos del veloz fluir del río Chiquito. Don Elías compró la tierra, localizada cerca de Tegucigalpa, en los años 1960, a un precio bajo, ya que el antiguo propietario la encontraba difícil de cultivar. Cuando Elías comenzó a desarrollar la finca en 1980, poco después de haber conocido a la familia Andrade, trabajaba tiempo completo para la Secretaría de Recursos Naturales. En ese tiempo, acostumbraba invitar grupos de campesinos para jornadas de capacitación de fin de semana y los hospedaba en su casa de Tegucigalpa. El terreno de la Granja, con inclinación de 20 y más grados, se asemejaba al de los campesinos, excepto que éste era de mayor tamaño. Varios alumnos que perseveraron en la transformación de sus fincas con las técnicas de Loma Linda comentan que, cuando vieron la tierra de Elías, pensaron que la de ellos prometía más. Elías les enseñó a hacer la paz con las duras laderas mediante la preparación de la tierra, y a hacer la paz con el cambio mediante la preparación de sus corazones para recibir ideas nuevas. «Desyerben sus corazones; si ustedes guardan esa contaminación, ese error, no tendrán espacio para nuevas alegrías», les decía Elías. Lejos de la presión de los compañeros de sus comunidades, los alumnos aprendían haciendo y se mostraban dispuestos a innovar.

La conservación del suelo y otras tecnologías apropiadas abundaban en Loma Linda. Los campesinos aprendían a construir terrazas y acequias que drenaban el agua de las lluvias sin lavar el suelo fértil. Hacían aboneras con deshechos de la finca, mezclaban el material orgánico con estiércol para fertilizar los surcos en cada terraza, y sembraban utilizando el método de labranza mínima de Elías. Preparaban barreras vivas para sostener las terrazas; observaban los patrones de escorrentías causados por las lluvias y, donde se formaba un remolino, sembraban una mata de plátano, una azalea o un napoleón —*bougainvillea*— para detener la erosión. Las llantas viejas, cortadas por mitad e invertidas, las convertían en enormes macetas de donde germinaban plántulas para transplante. Aprendieron a mezclar repelentes naturales de plantas locales para combatir las plagas. Inclusive sembraban flores para embellecer los senderos de la finca, actividad que realizaban con cierto escepticismo. «Las flores no son útiles», le decían los alumnos a don Elías. Y él respondía que eran «las sonrisas del suelo». «Uno tiene más de un estómago; las flores son el alimento del alma», decía.

En corto tiempo, las agencias no gubernamentales que desarrollaban programas de capacitación agrícola, comenzaron a visitar la finca y a solicitar que Elías impartiera jornadas de capacitación. En 1987, Elías contrató a Fernando Andrade y a varios de sus ex alumnos para atender jornadas de capacitación de una semana. En

1989, Elías renunció a su trabajo gubernamental y comenzó a trabajar tiempo completo en la finca. Construyó dormitorios rústicos, baños y servicios sanitarios para hombres y para mujeres, una cocina, un comedor, una oficina y una cabaña donde él dormía. Contrató a su antigua empleada, Cándida Rosa Osorio, quien había ayudado en la cocina y en la administración de los cursos de capacitación de fines de semana. En 1991, Cándida se fue a vivir a la finca.

Famoso por menospreciar el trabajo de oficina, Elías no contaba con documentación formal de sus cursos de capacitación, pero confiaba en la memoria de Cándida para estar en el lugar correcto a la hora indicada. En 1992, tenía teléfono y una rutina bien organizada: los lunes por la mañana, cerca de veinticinco alumnos, campesinos y sus técnicos, solían llegar a la finca en viejos camiones para un curso de capacitación de seis días. El costo por participante era de 70 lempiras, cerca de 15 dólares diarios. Los gastos, generalmente cubiertos por una tercera parte patrocinadora, incluían alimentación y una compensación para Elías, Cándida y dos o tres personas más que ayudaban con el curso, la cocina y la labranza.

La Granja conducía a los alumnos a través de trabajo de campo en conservación de suelos, producción, mercadeo y nutrición —80 por ciento de trabajo práctico y 20 por ciento de charlas— todo enlazado con un enfoque motivacional. Elías, y los otros instructores de Loma Linda, solían dibujar sus diagramas explicativos en el suelo, con varas a manera de lápices. Las charlas tenían lugar en los campos o en el rústico comedor. Elías hablaba a sus alumnos de igual a igual, trabajaba a la par de ellos, y enfatizaba que las herramientas que estaban utilizando eran sus talentos: manos, cabezas y corazones, las herramientas de la «finca humana».

En un soleado día de septiembre de 1992, diecisiete hombres, seis mujeres y tres técnicos, provenientes del remoto departamento de Lempira, se acomodaron en un aula abierta bajo un cielo azul, con los codos hundidos en gallinaza. Estos agricultores, miembros de un programa de desarrollo rural patrocinado por el gobierno holandés, vestían sus mejores ropas, mientras trabajaban las terrazas de Loma Linda. Se sentían honrados por haber sido seleccionados para recibir capacitación y habían viajado durante un día, desde una de las zonas más deprimidas de Honduras, arrinconada contra la frontera de El Salvador. Fue un sacrificio significativo haber dejado sus fincas por una semana; y lo hicieron porque anhelaban aprender y experimentar nuevos conocimientos. Un par de mujeres había llegado con sus esposos; otras eran madres solteras jefas de familia y dos eran voluntarias comunitarias. Todas trabajaban sus fincas y querían mejorar sus tierras y sus vidas. Un joven estudiante de intercambio, de origen finlandés, se unió al grupo para observar el proceso.

Elías —un producto de la firmeza de su madre, y un defensor de la enseñanza para las mujeres— consideraba que la educación para alumnos de ambos sexos servía a un doble propósito: capacitar mujeres dignas de mérito y liberar a los hombres del machismo. Una pista para entender esta forma de pensar descansaba en una estantería construida rudimentariamente y ubicada en su pequeña oficina. Ahí, entre revistas y textos sobre agricultura, descansaba un ejemplar desgastado de *El Segundo Sexo* de Simone de Beauvoir, libro que marcó un paso en su viaje hacia la comprensión de la situación de la mujer. «Reforzó mi pensamiento: las mujeres no necesitan ser emancipadas... ¡Los hombres son los que lo necesitan!... Si queremos ayudar a las mujeres, tenemos que trabajar con los hombres», decía Elías. Al integrar mujeres en los cursos de capacitación, Elías se esforzaba por ayudar a los hombres a verlas de forma diferente. Cuando ayudaba a Cándida y a Juana a cocinar y a servir, él mostraba una atención masculina que trascendía el machismo. Este proceso de desarrollo modificó la relación de Vilma Andrade y Fernando. Ayudó a Cándida a madurar en medio de la opresión. «Los hombres no piensan en términos de igualdad, las mujeres latinoamericanas son maltratadas físicamente, y pocas conocen quiénes son ellas... Cuando una niña nace, la gente se pone triste. Todos quieren un niño. Pero las mujeres tienen ojos y oídos; manos y sentimientos. Al igual que los hombres, ellas tienen la capacidad de desarrollarse», comentaba Elías. Afuera, en las laderas, estaba la prueba de ello. Las mujeres de Lempira, con sus trajes limpios y sus manos llenas de tierra, brindaban una perspectiva de su sexo que trascendía la tradición.

Mientras tanto, un ex alumno, Jorge Amador, volcaba su corpulencia en enseñarles el arte de preparar la tierra. Primero les mostró cómo afianzar una terraza —una vieja raíz puede constituir un buen martillo— y como retenerla con grandes cantidades de pasto, que se enraizarán en la ladera. Después, ponían a prueba la habilidad de la terraza para retener agua utilizando un nivel rústico —varas de madera clavadas en forma de «A», con una botella de agua balanceada en el travesaño: La terraza debe construirse de tal forma que las aguas lluvias se deslicen hacia las raíces de la planta y no hacia las hondonadas que erosionarán la tierra. Después, con sus azadones hacían una zanja sobre la terraza y con sus manos removían con cuidado las piedras, raíces y guijarros. Finalmente, revolvían la tierra, mezclándola con materia orgánica traída de la abonera y del gallinero. ¿Qué conocimiento aportaba la preparación de la tierra? «Uno tiene que deshacerse de los elementos negativos si desea producir buen fruto», decía la ex alumna de treinta y dos años, Juanita Cervantes de Franco, con una estatura de 1.22 m y madre de cinco hijos.

«¿Cuál es el alimento de la tierra?», preguntaba Jorge, mientras los campesinos regresaban al campo.

«Materia orgánica», contestaba el agricultor Lucio Menjívar.

«¿Y qué crece con la materia orgánica?», volvía a preguntar Jorge.

«¡Suelo vivo!», respondían en coro varias mujeres.

«¿Y qué alimenta el suelo vivo?» El pequeño grupo guardaba silencio, haciendo un esfuerzo mental para identificar otro aprendizaje agrícola.

«¡Pues a nosotros!», exclamó Juanita, con una repentina comprensión de la cadena alimenticia. «Produce alimentos para nosotros». En efecto, las lombrices trabajaban duro para Juanita y sus cinco hijos.

«¿Y cómo van a compartir este conocimiento? De eso hablaremos después de la cena», concluía Jorge. Y así, se encaminaron de regreso al campo con sus azadones al hombro.

De esa forma, Jorge iniciaba a los participantes en el conocimiento de los ocho pilares de la metodología de cambio de la Granja Loma Linda:

1. Iniciar el cambio poco a poco: física, tecnológica y conceptualmente.
2. Capacitar haciendo: vivir con y trabajar a la par de los campesinos.
3. Respetar la dignidad humana en acción y palabra.
4. Procurar la innovación a costos mínimos: utilizar recursos locales en armonía con la naturaleza.
5. Cumplir las tareas con excelencia, no con mediocridad.
6. Compartir lo aprendido; las ideas no compartidas carecen de valor.
7. Crear satisfacción, en lo personal y en lo comunal.
8. Innovar basado en la sabiduría divina expresada en la Creación, porque el proceso del cambio duradero está en relación con el espíritu.

En la pequeña cocina cerca del río, Cándida y su asistente, Juana Cerrato, trabajaban con ahínco alrededor de un fogón de adobe. Ese día habían estado preparando

alimentos por más de seis horas. Ahora estaban friendo
papas, cocinando al vapor brócoli fresco de la finca, y
revolviendo sartenes con frijoles y queso derretido. Mientras Juana avivaba el fuego, Cándida servía comida ca-
liente, vertía crema fresca en tazones y retiraba rimeros
de tortillas de su fogón de barro, construido especialmente para conservar el calor. Las flores habrán alimentado
el alma de los alumnos, pero lo preparado por estas dos
mujeres seguramente alimentaría sus estómagos.

Elías, Juana y Cándida servían la comida en el comedor, donde los participantes se sentaban alrededor de una
gran mesa rústica cubierta con un mantel plástico a cuadros de color rojo y azul: comían, conversaban y se preparaban para la discusión que tendría lugar después de la
cena. Ése era el tiempo que Jorge y Elías destinaban para
remover con el azadón la materia del hombre. Elías les
decía a sus alumnos: «La finca humana produce, la finca
física sólo reproduce. Uno tiene que cultivar las lechugas
y el repollo en la cabeza antes de poderlo hacer en la
tierra».

La aplicación del enfoque holístico de la agricultura
que involucra mente, alma y cuerpo, comenzaba desde el
momento mismo en que los participantes ponían los pies
en Loma Linda. Elías acostumbraba darles la bienvenida, mostrarles sus dormitorios y, virtualmente, ordenar-
les que se bañaran antes del almuerzo. Algunas veces,
incluso, desconcertaba al solicitarles que mostraran las
manos o al preguntarles cuántos se habían cambiado la
ropa interior. En el primer día, a la hora de la comida, no

se asignaban puestos, pero los técnicos se agrupaban en un extremo de la gran mesa, listos para intervenir en las discusiones y responder por el grupo. Elías se sentaba con los campesinos y les formulaba preguntas directas.

El segundo día solía comenzar a las 5:30 de la mañana; los participantes se bañaban y disponían de cierto tiempo para discutir en pequeños grupos sobre las charlas y el trabajo de campo del día anterior. Algunas veces tomaban la iniciativa y utilizaban ese tiempo para leer la Biblia y orar en grupos. Si los campesinos no hacían algo por su cuenta, Elías los ponía a hacer calistenia. Elías afirmaba los recursos de los campesinos y también los retaba a aplicar esos recursos no sólo en la producción de alimentos, sino en la salud, la higiene, la educación de los niños y las necesidades emocionales de la familia, es decir, en la finca entera. Si Elías sacudía la atención de los campesinos con ataques directos sobre machismo, también lo hacía al invertir la jerarquía de la clase y atenderlos como invitados de honor. El aturdimiento resquebrajaba las inhibiciones y abría las mentes y los corazones a ideas nuevas y al reconocimiento de habilidades propias. Si bien algunas personas resentían la forma en que eran tratadas, casi todas reconocían que era efectiva. Jorge resultó ser una prueba viviente.

Esa noche, antes de iniciarlos en las parábolas de la finca humana, Jorge dio un testimonio de la transformación experimentada en su vida a los cuarenticinco años de edad. Comenzó diciendo: «En 1982, mi finca no estaba bien, y alguien me dijo: hay una persona que puede enseñarle a sacar el doble de grano por manzana. Vaya donde Elías Sánchez, él le enseñará». Jorge recordó cómo, lleno de dudas, se levantó a las 5:30 de la mañana del día señalado. Él tenía que caminar dos kilómetros hasta Loma Linda y estar ahí a las siete de la mañana «¿Debería ir?», preguntó a su esposa. Ella asintió con la cabeza. Jorge pasó por su hermano, ambos partieron a paso rápido, con el sucio de días de trabajo en la finca, y sin preocuparse por un baño. Elías sonríe cuando recuerda ese primer encuentro: «podíamos oler a Jorge antes de verlo». Jorge continuó su relato: «cuando llegamos, media hora tarde, todos los participantes estaban limpios y bien vestidos. Mi hermano se fue inmediatamente, pero yo me quedé, desayuné y me bañé para asistir a la jornada de la tarde. Desde esa vez me baño siempre. Al final de la semana, regresé a mi casa convertido en una persona nueva».

Jorge les confió que, después de la capacitación, Elías visitó su parcela y le prestó algún dinero para desarrollarla. Jorge sembró maíz, hortalizas y árboles frutales utilizando las técnicas que había aprendido en Loma Linda y, en dos meses, pagó su deuda a Elías. Seis meses después, la institución Compañeros de las Américas con sede en Vermont, contrató a Jorge para trabajar en un proyecto de desarrollo agrícola, y después comenzó a dar clases con Elías. En 1989, Jorge compró su primer carro e inició el mercadeo directo de su producción. Dos años más tarde, instaló agua y electricidad en su finca. Nueve años después de su encuentro con la agricultura humana, con el estímulo permanente de Elías, el baño renovador que

Jorge tomó en Loma Linda completaba el círculo al establecer un nuevo modelo de higiene en su comunidad.

Mientras transformaba su finca, Jorge creció espiritualmente: abandonó la bebida y se unió a la Fraternidad de Hombres Cristianos de Negocios. En su testimonio incluía reflexiones sobre el alcoholismo:

¿En qué se convierte un hombre cuando está borracho?

En un loro que grazna bulliciosamente

En un mono que hace reír a la gente

En un león que salta para matar

En un burro que camina al revés

En un cerdo que se acuesta en su propio estiércol.

¿Qué es la embriaguez?

Es una piedra. Nosotros debemos deshacernos de ella para cultivar.

Durante la conversación, los agricultores se reagruparon alrededor de la gran mesa y asentían con la cabeza en señal de comprensión. Con timidez, al principio, hablaron de sus problemas. Jorge les respondió con una parábola sobre el trabajo duro.

Hubo una vez un gringo que llegó a una comunidad en Asia. La gente lo llamaba loco porque trabajaba muy duro durante todo el día en sus campos. Pero cuando se presentó en el mercado con una gran canasta llena de productos, la gente comenzó a respetarlo. Él consiguió un trabajo con el gobierno y alcanzó prosperidad. Y cuando un día regresó a la comunidad que se había burlado de él, se enteró que, en su honor, el parque de la comunidad se llamaba Parque Loco.

Concluyó la sesión con una historia cuyo final daba paso a la reflexión:

Don Pedro vivía con doña Chepa; ellos tenían un hijo llamado Pedrito. Don Pedro era un campesino, y cuando no estaba cultivando, trabajaba duro haciendo bloques de cemento. Pasaba muy ocupado y nunca tenía tiempo para hablar con Pedrito. Doña Chepa levantaba a Pedrito a las dos de la mañana todos los días para quebrar maíz, y a las cinco tenía que ordeñar las vacas. A las siete y media se iba para la escuela; a las cuatro de la tarde regresaba de la escuela e iba a traer las vacas. A las seis de la tarde tenía que ayudar a su madre a lavar trastes. Pedrito se acostaba a las ocho de la noche para despertarse, de nuevo, a las dos de la madrugada y comenzar su día. Una vez, sin decir ni una palabra a su madre ni a su padre, Pedrito se escapó. ¿Por qué huyó?

Otra vez, los hombres y las mujeres, alrededor de la mesa, conversaban tímidamente. Estas historias pudieron haber tenido lugar en sus propias comunidades, en sus propias casas. Esa tarde, ellos habían hundido sus azadones en la tierra, y ahora Jorge estaba rastrillando en sus corazones.

Katie Smith Milway

Jorge Amador, un testimonio viviente de transformación.

5
Sembrando las semillas

Antes de que los investigadores se conviertan en investigadores, deberían convertirse en filósofos. Deberían considerar cuál es la meta humana... Primero, los doctores deberían determinar, en su nivel fundamental, qué es lo que los seres humanos necesitan para vivir.

Masanobu Fukuoka
The One-Straw Revolution

Si nosotros sólo sembramos las semillas en el suelo y no lo hacemos en los corazones de la gente, entonces, ¿qué hemos hecho?

Camilo Mejía
Alumno de Loma Linda

En la actualidad muchas organizaciones se dedican a preparar el suelo de la finca humana: identifican y destierran, desde el Sahel en África hasta las plantaciones de maíz en Iowa, prácticas que destruyen el ambiente. La mayoría ha aprendido a golpes que, para eliminar la maleza de forma permanente, es necesario sembrar semillas de conocimiento y de confianza en la experimentación.

Con esa intención Milton Flores inició, en 1987, las actividades del Centro Internacional de Información sobre Cultivos de Cobertura (CIDICCO); lo acompañaron en esta empresa Rolando Bunch y Vecinos Mundiales. Para comenzar, Milton utilizó su energía en la adquisición de semillas de conocimiento que esperaba sembrar en la mente de los campesinos. Su trabajo de investigación lo llevó desde los campos de frijol terciopelo en la Costa Norte de Honduras, hasta la extensa biblioteca especializada en temas agrícolas de la Universidad de Cornell. También visitó la Finca Rodale, con sede en Pennsylvania, líder internacional en la defensa de la agricultura y de la investigación orgánica. Mientras Elías hundía sus manos en la tierra de Loma Linda, Milton utilizaba las de él para ganar terreno en las bases de datos.

El mejoramiento de los suelos era un campo de estudio fértil y las ventajas de los cultivos de cobertura eran muchas: podían fijar en la tierra más de 200 kilogramos de nitrógeno por hectárea; agregar a un terreno 30 toneladas de materia orgánica fresca o «estiércol verde» por hectárea; eliminar las malezas; producir alimento para consumo humano y animal; y, porque crecen durante la estación seca, proteger el suelo de la erosión. Todo esto lo hacían con una fracción del costo de los fertilizantes. Sin embargo, Milton comprendió que, al introducir una tecnología como la de los cultivos de cobertura, CIDICCO corría el riesgo de proponer una solución que los campesinos podían considerar estática, una solución que podría frenar sus propios avances. «Si nosotros nos vamos a conformar con la promoción del uso de cultivos de cobertura, creo que no haremos más de lo que ya hace cualquier otra organización», pensó.

Reflexionaba sobre esto mientras investigaba, documentaba y fotografiaba ejemplos de cultivos de cobertura; obtenía semillas para la experimentación y la reventa; y daba forma a la red de información de CIDICCO, que inició con una lista de sesenta y seis subscriptores potenciales. Cinco años después, la red estaba integrada por casi 500 agricultores e investigadores, distribuidos en más de sesenta países. El primer boletín informativo de CIDICCO, *Noticias sobre cultivos de cobertura*, 1991, destacaba un hito en la transferencia tecnológica exitosa: la historia del frijol terciopelo contada por los campesinos de la Costa Norte de Honduras, que habían sembrado la leguminosa entre sus surcos de maíz por más de quince años. El artículo señalaba:

> No sabemos cómo la idea llegó al lugar, pero sí sabemos que los campesinos de la región la aceptaron de forma abierta y entusiasta. Es más, esta tecnología no ha sido promocionada formalmente por ninguna agencia... Ha sido transmitida espontáneamente de un campesino a otro.

Con éste y otros ejemplos de innovación transmitidos con éxito, CIDICCO afinó los pilares de la finca humana de Loma Linda y los planteó en seis principios para el mejoramiento de la finca:

1. Comenzar en pequeño.
2. Practicar lo que se predica.

3. Respetar la cultura local. Hasta donde sea posible, afincar las innovaciones en la tradición.

4. Trabajar como un servidor; compartir las condiciones de los campesinos.

5. Construir liderazgo local, los campesinos deben darse cuenta de que son capaces de reemplazar a los promotores institucionales.

6. Buscar la réplica espontánea: el signo más confiable del éxito.

El primer número del boletín *Noticias sobre cultivos de cobertura* describía con palabras y fotografías cómo y cuándo los campesinos sembraban el frijol terciopelo: altitud, temperaturas, condiciones del suelo, distribución de la lluvia y estaciones de cultivo. Los lectores nacionales e internacionales podían acomodar la actividad a su propio contexto o rechazarla por ser incompatible. El artículo destacaba las percepciones de los agricultores, expresadas en sus propios términos, sobre las ventajas de esa práctica. No mencionaron la fijación de nitrógeno, sino el «ahorro de dinero en fertilizantes»; tampoco la relación costo beneficio, sino ahorrar «trabajo en desyerbar». El boletín invitaba a los lectores a compartir sus experiencias, pues futuras publicaciones incluirían información sobre el uso de otros cultivos de cobertura: frijol dólico, frijol canavalia, frijol vigna, frijol, gandul, frijol choreque. Al poco tiempo, los productores alrededor del mundo estaban compartiendo sus experiencias. En África Occidental, los miembros de CIDICCO, en la Estación de Investigación de Benin, reportaron que el frijol terciopelo controlaba efectivamente la diseminación de la maleza; en Brasil, el frijol de soya perenne mejoraba los suelos y se había convertido en una importante fuente de alimentación animal; y en Tanzania, la siembra simultánea de cáñamo de bengala, maíz y plátano mejoraba los rendimientos. En Honduras, campesinos que trabajaban con Vecinos Mundiales comenzaron a utilizar el frijol terciopelo para mejorar su dieta: cosechaban el frijol, lo cocinaban y lo mezclaban con masa de maíz para hacer tortillas ricas en proteína; utilizaban el frijol tostado como substituto del café; y el frijol a medio tostar como substituto del chocolate. Las innovaciones florecían y se asumían porque la experimentación ofrecía esperanza.

Para trabajar en las comunidades campesinas, CIDI-CCO elaboraba diagramas sencillos y utilizaba un proyector de diapositivas que funcionaba con baterías. Presentaba su propuesta en escuelas rurales como medio de transferir tecnología a través de los niños. Milton y su equipo, de cuatro miembros en 1991, salían de la oficina y pasaban mucho días en el campo donde trabajaban a la par de los agricultores, de la misma forma que Elías lo hizo cuando trabajaba en ACORDE. Milton sabía que al ayudar a los campesinos a sembrar unas cuantas semillas de frijol terciopelo entre sus surcos de maíz, podía sembrar semillas de conocimiento. La técnica era simple: sembrar el frijol en el suelo con un chuzo después de veinte a sesenta días de haber sembrado el maíz. Pero el proceso de aprendizaje era complejo. Milton reflexionaba: «Si nosotros sólo llegamos y decimos, 'necesitamos sembrar estas semillas aquí'; ¿dónde estaría el aprendizaje?, si los agricultores saben cómo sembrar». En lugar de dar respuestas, el personal de CIDICCO hacía preguntas:

¿Qué patrones de siembra existían en la comunidad?

¿Cuáles variedades de cultivos de cobertura se conocían en el lugar?

¿Cuáles otras existían?

¿Cómo esta planta o aquella otra podría reaccionar a las condiciones actuales de labranza?

Después que los agricultores pensaban sobre esos temas, sacaban conclusiones y tomaban decisiones; podían hacer ajustes en el tiempo que sus semillas daban fruto. ¿Qué era lo bueno de una práctica determinada? ¿Qué debería cambiarse para mejorarla? «Usted no encontrará dos comunidades donde los campesinos estén haciendo lo mismo en el uso de cultivos de cobertura, porque es un proceso... es la forma en que los campesinos experimentan... siempre observando», expresaba Milton.

Este enfoque —observar la naturaleza, experimentar, aprender, reaprender— es similar al enfoque del hombre que inspiró a Elías Sánchez en su filosofía del desarrollo agrícola: el japonés Masanobu Fufuoka, el padre de la agricultura del «no hacer». En su obra trascendental *The One-Straw Revolution: An Introduction to Natural Farming*, *(La revolución de una paja: una introducción a lu agricultura natural)* este especialista en enfermedades de plantas describe un viaje que comenzó cuando vio una planta de arroz crecer en un campo seco, desafiando la sabiduría de desyerbar, fertilizar e irrigar que conllevaba el cultivo moderno del arroz. Comenzó a cuestionar las «verdades» de la ciencia agrícola; abandonó su laboratorio de investigación que dependía del gobierno, en Yokohama; y se retiró a la granja familiar de la montaña para observar cómo la naturaleza define su curso. Ahí, en lugar de desyerbar y limpiar los campos de su padre, permitió que el rastrojo de una cosecha se convirtiera en abono para la próxima. En lugar de sembrar semillas, las cubrió de tierra para formar bolitas y esparcirlas. En lugar de eliminar los insectos, dejó que se eliminaran entre ellos. Y, en lugar de podar las ramas, permitió que los huertos crecieran en forma natural. En su consideración hacia la naturaleza, perdió cientos de árboles frutales, y conmocionó a su padre. Pero, al final, desarrolló una finca natural viable que animaba a los agricultores a ser como los niños que ven la naturaleza sin pensar.

Para Fukuoka, «la agricultura industrial moderna anhela la sabiduría del cielo sin comprender su significado»[16]. Quiere utilizar la naturaleza sin entenderla. Pero la agricultura natural emana de la salud espiritual de la persona[17]. Hoy, la finca de Fukuoka se ha convertido en un

---

16 Masanobu Fukuoka, *The One-Straw Revolution: An Introduction to Natural Farming*, Emmaus, Pa.: Rodale Press, 1978, p. 118.

17 Larry Korn, Introduction, en Fukouka, *One Straw Revolution*, p. xxv.

lugar de peregrinación para productores —filósofos viejos y jóvenes. Las faldas de sus montañas ofrecen a los visitantes agua fresca del manantial y cabañas para dormir. Pueden quedarse una temporada, trabajar en la granja, observar, desaprender, reaprender. Fukuoka, con su larga barba blanca y lentes montados en una armazón de carey, vive en una de estas cabañas y sostiene que «cualquiera que viniera y viese estos campos, y aceptase su testimonio, sentiría profundas dudas sobre la pregunta de si los hombres conocen o no la naturaleza, y de si la naturaleza puede o no ser conocida dentro de los confines del entendimiento humano»[18]. Sus libros, que sostienen que esa agricultura natural tiene gran incidencia en el conocimiento de la naturaleza, han estimulado el pensamiento y la experimentación alrededor del mundo, en lugares tan lejanos como en el que se encuentra la finca llamada Loma Linda, donde hoy el 70 por ciento de los insumos son orgánicos y el 50 por ciento del alimento sobre la mesa proviene de sus parcelas.

Cerca de las cabañas y de las aguas frías del río Chiquito, Elías y Jorge, junto con los hombres y mujeres de Lempira, han estado sembrando semillas y preparando abono. Los alumnos observan la ubicación de las partes reproductoras de las plantas —en la fruta, flor, tallo o raíz. Una vez que se ha extraído la semilla, los elementos básicos para sembrarla con éxito son tiempo y espacio. Se debe sembrar después de las primeras lluvias, con su-

---

18   Fukuoka, *One-Straw Revolution*, p.29.

ficiente calor y plazo de entrega para cultivar y cosechar antes de la llegada del mal tiempo y del frío. Las semillas se deben sembrar lo bastante profundo para protegerlas en la germinación, pero no tan profundo para permitir que sus brotes se abran paso hacia la luz, y lo suficientemente separadas para que cada juego de raíces tenga espacio donde crecer y respirar. Elías, Jorge y los agricultores de Lempira metieron sus dedos en la tierra para depositar dos granos de maíz en hoyos de media pulgada, con una distancia de dieciseis pulgadas entre uno y otro; así garantizaban espacio para las miles de raíces de cada tallo.

Las aboneras, cuyo material orgánico es utilizado para enriquecer el semillero, están ubicadas convenientemente, lejos de las terrazas rebosantes de productos: grandes cabezas de lechuga, brócoli y coliflor; gruesas raíces de cebollas y papas; yuca, árboles de manzana rosa y aguacate cargados de fruta. En este día de septiembre, el sol golpea fuerte, aun cuando el rocío de la noche anterior hace brillar hojas y arbustos. Hundiendo sus manos en la tierra, Elías saca un puñado de lombrices y las coloca en una abonera para la producción de larvas. Los estudiantes también meten sus brazos en los montículos y sienten el calor pleno del horno de la naturaleza —materia descomponiéndose a 27°C. Ellos, entonces, construyen sus propias aboneras con ingredientes básicos: nitrógeno suministrado por la materia verde; potasio y fósforo proporcionado por hojas secas; levadura, en forma de estiércol lleno de bacteria; y oxígeno que es introducido al intercalar capas de material seco con capas de papel de deshecho húmedo, en montículos llenos de agujeros. Regando y cubriendo la abonera con paja, los alumnos facilitan la metamorfosis: su obra maestra se convertirá en rica materia orgánica, lo que, en el calor y la humedad de Honduras, tardará sólo dos meses.

De la misma forma, en tiempo, espacio y enriquecimiento, los capacitadores de Loma Linda cultivan ideas. Identifican las semillas del conocimiento y las siembran lo bastante hondo en el corazón y la mente de un campesino para protegerlo o protegerla de los picotazos del escepticismo. Las siembran lo bastante cerca de su realidad para que encuentren expresiones propias de su experiencia como agricultores; con suficiente distancia entre ellas para que echen raíces y crezcan firmes, sin confusión. Los capacitadores comienzan en pequeño —en concepto y en tecnología— y plantan sus gérmenes en forma complementaria, como se siembra el maíz y los cultivos de cobertura. Las ideas se acodan, orgánicamente, de modo que se enriquezcan unas a otras para concebir y estructurar nuevos pensamientos y acciones. Bajo ciertas condiciones, el proceso toma meses; bajo otras, años. De esta forma, Elías atiende su preocupación por el suelo y su interés por la higiene personal. Así, también, Cándida cultiva ideas para mejorar la nutrición en la mente de las mujeres que trabajan para mejorar sus cultivos.

Cándida imparte sus lecciones sobre nutrición en la nueva cocina, cerca del río: una edificación cuadrada, baja, rodeada de tela metálica, mostradores barnizados, una estufa moderna y mesas. En un país donde los pobres han comenzado a comprar más coca cola y menos leche; más comida envasada y menos vegetales frescos, Loma Linda considera que el tema de la nutrición es duro de vender, y que es menos difícil hacerlo cuando se presenta desde la cocina norteamericana. Ahí, las mujeres de Lempira han estado aprendiendo a hacer panqueques, chorizos y una bebida lechosa, dulce, todo derivado del frijol de soya, rico en calorías. Los hombres son invitados a participar en las lecciones, pero declinan la invitación. Según Cándida, en la fortaleza del machismo, el muro de la cocina es el último en caer: «Algunas veces se logra que inicien su participación en la cocina pidiéndoles la preparación de una pequeña taza de café. Pero si ellos pueden se harán los desentendidos; son felices de que las mujeres hagan todo». La participante Armida Lara Escalante, con su vestido amarillo encendido, discute con los visitantes el valor de las nuevas comidas, así como su estrategia para introducirlas en el hogar:

«¿Por qué quiere introducir nuevas comidas?»

«Para mejorar la nutrición de mi familia».

«¿Y cómo va a hacer para que su familia las coma?»

«¡Nosotras las serviremos primero aquí para el almuerzo!»

En Loma Linda los campesinos pueden, sin esa sensación de ridículo, probar algo nuevo: Si se gana la aprobación de un grupo, la práctica se puede ir a casa. «Yo he tenido problemas al tratar de escribir todo con mi lápiz», dice el alumno Camilo Mejía, «pero lo que está escrito aquí», señalando su cabeza, «en mi finca humana, está ahí para quedarse».

Otras personas, que no son agricultores, también llegan a Loma Linda para analizar ideas. En las tardes, o los sábados después de la salida de un grupo, amigos y vecinos, activistas y políticos, profesores y estudiantes, visitan la finca. Ahí disfrutan las tortillas de Cándida y la conversación de Elías. Gustavo Alfredo Landaverde, ex miembro del Congreso Nacional, que, además, trabajó en el tema de la reforma agraria en el gobierno del entonces presidente Rafael Leonardo Callejas, es uno de tales visitantes. Su labor en política como diputado por el departamento de Cortés lo ha convencido de que las leyes, si no se hacen acompañar de recursos y educación, inciden poco en la generación de cambios. Habla de cómo el gobierno hondureño, por varias décadas, a través de la Secretaría de Recursos Naturales, ha centrado los esfuerzos del desarrollo rural en asegurar que los pobres del campo reciban títulos de propiedad. Las leyes de la Reforma Agraria de 1962 y 1975 expropiaron tierras que no estaban cultivadas para redistribuirlas entre los sin tierra. Pero Landaverde y sus colegas observan cómo los campesinos con títulos de propiedad recién otorgados, sin acceso a crédito y sin habilidades para desarrollar sus tierras, a menudo revenden sus parcelas por dinero en efectivo; y se trasladan a los barrios marginales que rodean Tegucigalpa.

Un estudio de 1992, elaborado por el Postgrado Centroamericano de Economía y Planificación del Desarrollo, POSCAE, encontró que los primeros treinta años de reforma agraria habían beneficiado sólo a 59 mil familias, un 17 por ciento de la población rural. Mientras tanto, 220 mil familias, 27 por ciento del sector, no tenían tierras o subsistían en menos de una hectárea[19]. El estudio proyectaba consecuencias similares para el esfuerzo denominado «modernización agrícola» que impulsaba la Secretaría. El estudio concluía:

> Ninguna reforma agraria puede tener éxito si no incluye un programa eficiente de educación, capacitación, asistencia técnica... servicios financieros y de mercado que brinden un apoyo sostenible real al desarrollo integral[20].

Según el plan de modernización agrícola del presidente Callejas, los campesinos que vendan sus tierras al sector privado recibirán precios justos de mercado. Pero Landaverde considera que el plan de modernización tiene la misma falla de la reforma agraria: Los más débiles, los menos educados, pierden. «El país podría beneficiarse, pero las personas, especialmente las pobres, resultan

19 Efraín E. Díaz Arrivillaga. «Un Breve Análisis del Ajuste en el Sector Reformado» en: *Honduras: El Ajuste Estructural y la Reforma Agraria*, eds. Hugo Noé Pino y Andrew Thorpe, (Tegucigalpa: POSCAE, 1992), p.114.

20 Miguel Murillo, «Los Campesinos, la Reforma Agraria y el Ajuste Estructural», en: *Honduras: El Ajuste*, eds. Pino y Thorpe, p.128.

perjudicadas. Bajo esta ley, las compañías pueden comprar las tierras al ofrecer cantidades de dinero que los campesinos difícilmente rechazan. Así, la reforma no es forzada, es inducida. Pero básicamente significa que los campesinos nunca serán productivos. Y los campesinos que venden sus tierras no necesariamente invierten bien. Ellos, simplemente, pierden toda seguridad alimentaria»[21].

Landaverde, quien se ha relacionado con ACORDE, admira cómo, con sus esfuerzos personales para encontrar y fortalecer al débil, Elías combate tal política. Loma Linda ha otorgado miles de becas de capacitación a los pobres del campo que carecen de respaldo financiero. El enfoque de Loma Linda ha recibido reconocimiento por las alternativas que brinda para reforzar el papel de los campesinos en la economía. Si bien los gobiernos se comprometen a apoyar los esfuerzos de organizaciones de base, éstos se cuidan de no afectar los intereses comerciales que se alimentan de la agricultura química.

Otro invitado regular a la mesa de Elías ofrece un dramático ejemplo de una vida frágil, que se ha fortalecido mediante el estímulo. Luis Alonzo Morales, llamado Loncho, literalmente siente la belleza de la finca. Toca las plantas que crecen en las macetas hechas de llantas viejas, siente la humedad fría del río deslizándose entre sus dedos, y posa su nariz en las lilas en flor. Loncho ve la luz con cada sentido que posee —gusto, olfato, tacto,

---

21   Entrevista con Alfredo Landaverde, septiembre de 1992.

sonido— pero sus ojos sólo ven la oscuridad. Elías lo encontró un par de años atrás, cuando atendía un asunto en su comunidad. Un familiar de Loncho le pidió que conociera de cerca la tragedia que se vivía en esa casa. El padre del muchacho era alcohólico y su madre era minusválida, debido a severas quemaduras. Loncho, el invidente que cargaba con la frustración de su papá, permanecía arrinconado y golpeado. Elías lo invitó a la finca y le encontró una escuela para ciegos; él aprendería a elaborar artesanía y a ser independiente. Al poco tiempo, la madre de Loncho se le unió y juntos encontraron, cerca de Loma Linda, un lugar donde vivir y empezar una nueva vida. Loncho hacia y vendía artesanía. A menudo ellos llegaban a la finca; paseaban; compartían una comida; sentían los frutos de la naturaleza; y escuchaban la música del río.

No sorprende que la preocupación de Loma Linda por los marginados haya despertado el interés de los defensores de los derechos humanos en Honduras. Una tarde, tres miembros de la Cooperación Técnica Nacional (CTN), se reunieron alrededor de la mesa barnizada, en el anexo de la cocina de la finca, para hablar sobre el hostigamiento que los militares ejercían sobre los campesinos. Las personas que vivían cerca de la frontera con El Salvador eran consideradas guerrilleras y recibían amenazas, violentándose así las garantías constitucionales, de hondureños, residentes extranjeros y visitantes, que protegían la vida, la libertad individual y la seguridad de las personas y de la propiedad. Personal militar, en el departamento de Intibucá, ha intimidado a los campesinos para que vendan sus tierras y sus plantaciones por una fracción de su valor. Existen organizaciones, como CTN, que ayudan a los campesinos a conservar sus tierras y a proteger el bosque, y que trabajan para informar sobre los derechos que les asisten. Pero la voluntad de los campesinos con frecuencia se desmorona frente a los hombres de uniforme. Según Elías, sólo empoderando a los campesinos para que asuman con responsabilidad su propia educación y desarrollo pueden tener confianza en sus derechos y, por lo tanto protegerlos del abuso.

El Espíritu, en el departamento de Copán, frontera con Guatemala, es una comunidad campesina que ha despertado para asumir su responsabilidad. Francisco Salinas, coordinador del proyecto de agricultura del Servicio de Ayuda Católico, CRS, en Honduras, que patrocinó una capacitación de campesinos de El Espíritu en Loma Linda, cuenta su historia. En 1987, cuando CRS convino en apoyar un proyecto de desarrollo agrícola integral en la zona, las estadísticas de línea de base de la comunidad eran desoladoras: 27 por ciento de mortalidad infantil, 72 por ciento de desnutrición infantil, 60 por ciento de analfabetismo en población adulta, 70 por ciento de deforestación y el 30 por ciento de las comunidades no tenía carreteras. Pero los residentes en El Espíritu poseían un recurso ausente en otras comunidades: tenían fe en ellos y en su Creador. Durante veinte años, como participantes del movimiento católico Delegados de la Palabra, habían trabajado juntos, habían compartido preocupaciones y se habían cuidado entre sí. Contaban con un ambiente de confianza y experiencia de desarrollo personal que les daba la seguridad de que, con algún conocimiento y esfuerzo, ellos podían mejorar la calidad de sus vidas. Con CRS llegaron los medios; con ideas entresacadas de Loma Linda, Vecinos Mundiales y otros, llegó la inspiración.

El proyecto comenzó con la siembra y el riego de unas cuantas semillas: capacitó catorce hombres y cinco mujeres de El Espíritu en conservación y mejoramiento del suelo, nutrición, salud e higiene. Los alumnos, movilizándose a pie y a lomo de caballo, compartieron estas lecciones con su familia, con la comunidad, mediante visitas personales periódicas, talleres, reuniones de la iglesia y canciones. Las estadísticas regionales pueden esconder su progreso; pero, en comunidad tras comunidad, el cambio está teniendo lugar, está en vías de concretarse. En una comunidad, Catalina Ramírez convenció a su padre de no quemar los campos y la producción de maíz de la familia se quintuplicó. En otra, José María Márquez Castro transformó su una vez abandonada ladera en terrazas productivas de maíz. Luis Acosta Alvarado, que trabajaba promoviendo la salud y la nutrición, observó el descenso de la tasa de mortalidad de los niños en su comunidad y alrededores: de entre seis y diez por año, a sólo uno o dos.

Los participantes del proyecto diseñaron su logotipo; en él muestran los fundamentos de su nuevo acuerdo con la naturaleza: Dentro de un círculo dorado, un sol amarillo se levanta sobre la cima de una colina verde con terrazas. En sus terrazas, un campesino prepara los surcos con su azadón, su piocha y un rudimentario nivel A. En la distancia, una nube cargada de lluvia flota en el aire. Representa, como el proyecto se autodenomina, «Un nuevo amanecer en el campo».

COSUDE, Cooperación Suiza para el Desarrollo, ha capturado, en un libro de fotografías y testimonios, la vida de hombres y mujeres de El Espíritu. Ahí usted encontrará una lista de diez mandatos para el promotor que articulan los pilares de la finca humana[22]: son los principios para el cambio enseñados en Loma Linda. Y si usted pregunta sobre ellos, los promotores de El Espíritu le dirán que fueron elaborados con base en su propia experiencia.

---

22 Pascal Chaput, *Un Nuevo Amanecer en El Campo*. Tegucigalpa: COSUDE, 1991, pp.8-9.

6
La protección del retoño

Las fincas modelos tienen el papel de motivar a los agricultores a experimentar cosas nuevas y de ayudarlos a descubrir que existe un mundo con mejor agricultura ...que los campesinos puedan replicar ese mundo por ellos mismos, es otro tema.

Rolando Bunch
Cosecha

No se pueden cambiar comportamientos con cursos de una semana... Si no se brinda seguimiento, tan pronto como esta gente regrese, una gallina puede destruirlo todo.

Don José Elías Sánchez

Fernando Andrade, Jorge Amador, Loncho Morales, Cándida Osorio y Milton Flores, comparten una cuenta bancaria poco común. Sus depósitos se contabilizan en tiempo, atención y capacitación. El propietario original es don Elías. Curiosamente, la cuenta genera intereses por igual para depositantes y beneficiarios, y les permite a todos abrir cuentas nuevas para otros. Don Elías dice: «Aquí, nosotros no enseñamos, nosotros compartimos información en dos direcciones». Las riquezas de Loma Linda se acreditan a comunidades lejanas y cercanas. Algunas veces, Elías mismo traslada la capacitación al

campo, fuera de Loma Linda; más a menudo, una organización no gubernamental apoya a los alumnos cuando
regresan a sus comunidades. Los alumnos, a su vez, capacitan a otros. Sin este seguimiento, el desarrollo que
resulta de la inversión inicial en los campesinos que se
capacitan en Loma Linda, no tardaría mucho en desaparecer o ser mal aprovechada.

Fernando Andrade conoce muy bien el valor de tal
apoyo. Cuando comenzó a experimentar con las técnicas que había aprendido en las capacitaciones impartidas
por ACORDE, sus vecinos lo criticaban con dureza. Elías
comentaba: «Si usted crece en una comunidad donde la
gente tira la basura en la calle, usted recibirá críticas por
recoger la basura. Entre más trabajaba por salir del círculo de los destructores del suelo, y convertirse en un conservacionista, más atacaban a Fernando. ¿Qué hizo? Ce-
rró la boca y realizó un buen trabajo». Elías le brindó a
Fernando mucho apoyo personal durante ese tiempo.
Después, Fernando dio otro paso para asegurar un espacio donde crecer mejor.

Los alumnos regresaron a casa, en el departamento
de Lempira, y, tras su partida, Fernando y Vilma llegaron
a Loma Linda para ayudar a Elías con otro grupo de productores. Fernando y un joven trabajador, Jaime Delgado, están trasplantando cebollas desde un semillero establecido en una terraza ubicada cerca del río Chiquito,
hasta las nuevas terrazas recién preparadas por el último
grupo de alumnos, ubicadas al otro lado del río, más allá
de las aboneras y detrás de los dormitorios. El trasplante

es un proceso delicado que demanda cuidado no sólo cuando se arranca la plántula, sino también cuando se coloca en suelo nuevo. En Loma Linda las plántulas de cebollas crecen una pegada a la otra, cerca de 4,000 por terraza, cada planta con varias hojas. Después del trasplante, ellas serán espaciadas y habrá menos de cien por terraza.

Jaime y Fernando levantan las plantas con cuidado, las cargan en manojos, y vuelven a plantarlas guardando una distancia de dos cuartas entre ellas. Han preparado surcos en las nuevas terrazas de la misma forma que han enseñado a sus alumnos: afuera las piedras, adentro el material orgánico. Jaime ha empleado un azadón angosto para preparar las franjas en cada terraza; ha revuelto la tierra con una mezcla de gallinaza y abono fresco. Fernando hunde dos dedos en el suelo para hacerle espacio a cada raíz de cebolla. Se asegura que el suelo, alrededor del hoyo, esté nivelado; así el agua no lavará, juntará ni ahogará la raíz. Ahí va la cebolla; entonces, los dedos curtidos por la intemperie reemplazan con cuidado el suelo alrededor del bulbo. Hoy las tiernas plantas de cebolla lucen pequeñas, perdidas, separadas por una distancia de dos cuartas en una terraza espaciosa. Pero, dentro de pocas semanas, crecerán en su nuevo ambiente.

Así sucede con cada uno de nosotros cuando sobrepasamos nuestro ambiente. Así sucede con los campesinos de las laderas hondureñas. Nuestro crecimiento potencial, como el de la cebolla, descansa en la manera en que somos trasplantados, no en el acto único del trasplante. ¿Esperamos hasta que nuestras raíces tengan la suficiente madurez para desprenderlas del suelo sin quebrarlas? ¿Viajamos sin marchitarnos? ¿Regulamos nuestro movimiento para ir al paso de nuestro crecimiento? ¿Preparamos un espacio nuevo para restablecernos? ¿Permitimos que las manos nos eleven, nos ayuden, nos siembren enhiestos para que la lluvia no nos ahogue? ¿Estamos preparados para asumir nuevas responsabilidades? «Cuando usted trasplanta», dice don Elías, «usted no trasplanta con su cabeza —usted trasplanta con su corazón y con su cerebro. Usted hace un pequeño hoyo y coloca la planta con amor».

La familia de Fernando Andrade sintió la primera necesidad de trasplantarse en 1978, cuando su tierra era estéril y sus hijos estaban hambrientos. Pero las manos fuertes de don Elías retrasaron la salida, y ayudaron a recobrar los suelos y a velar por sus hijos de forma nueva, fortaleciendo sus raíces. Con el tiempo, después de vigorizar su finca, los Andrade estaban preparados para trasplantarse y compartir sus aprendizajes con otros cientos de campesinos y crecer en conocimiento sobre personas, lugares y procesos. La preparación, el proceso de fortalecer sus raíces para respaldar dicho movimiento, fue posible gracias al acompañamiento brindado por don Elías y otros en Linaca.

Después del entusiasmo generado por las jornadas de capacitación de ACORDE y las visitas a los campesinos de las laderas guatemaltecas, Fernando continuó preparando abono y trabajando duro para mejorar sus suelos: él comenzó a ver resultados. Elías lo dejó solo por un tiempo. Cuando lo visitó de nuevo, observó que había hecho grandes progresos. En los alrededores de la casa de Fernando, la cosecha había aumentado ocho veces: 80 quintales (8,000 libras) por manzana. En su hogar, las relaciones familiares estaban mejorando. Debido a que su conocimiento sobre agricultura no iba más allá de las lecciones que su padre le había dado, ahora él estaba adquiriendo sabiduría propia, ganando confianza en la experimentación. «Fernando comenzó a creer en sí mismo. Empezó a dar señales de vida. Incluso cambió el concepto que tenía sobre la paternidad y fue más amigo de sus hijas», comenta Elías.

De hecho, el crecimiento intelectual de Fernando lo hizo reflexionar sobre la educación de sus hijas. «Comencé a pensar si debía darle a mis hijas la oportunidad de estudiar. Comencé a convencerme de que ellas no tenían por qué pasar por lo que yo había pasado», dijo Fernando. Consecuente con su nueva convicción, las envió a la escuela. Vilma también estaba inmersa en el nuevo ciclo de aprendizaje. Cuando Elías comenzó el curso de ACORDE en Linaca, bajo el auspicio de la Secretaría de Recursos Naturales, tomó en cuenta a las esposas de los campesinos. Él les decía: «si el trabajo de ustedes es cocinar, necesitan asegurarse de cultivar buen alimento». Elías compartió, con Vilma y otras mujeres de Linaca, técnicas tan sencillas como la del riego a mano de los árboles frutales del patio; después les enseñó las técnicas del huerto. «Yo comencé a trabajar en un pedacito del patio: regaba los árboles de naranja, sembraba lechuga, cebollas, apio, remolachas, chiles dulces. Trabajaba con mis hijas en la preparación de la tierra y en la siembra de semillas», dice Vilma.

En una de sus visitas, Elías encontró a Vilma moliendo maíz; encorvada, trituraba los granos en una piedra de moler. Él le mostró una forma nueva de hacerlo que permitía mantener la espalda recta. «Yo trabajé con mucho más entusiasmo», dice Vilma. «Otro promotor [de la Secretaría de Recursos Naturales] dijo que vendría una tarde para enseñarme más. Cuando se apareció, me enseñó a clasificar mis hortalizas para la venta: cebollas, repollo, lechuga. Después me preguntó si tenía interés en hacer macramé». Vilma finalizó sus clases de macramé, y otro promotor se ofreció para impartir una clase de nutrición; Vilma y sus vecinas aprendieron, como las alumnas en Loma Linda, a cocinar con soya y a preparar suero y leche de soya. Con la ayuda de los promotores, las mujeres de Linaca se organizaron para vender en el mercado productos horneados, productos del huerto y colgantes de macramé. Según Vilma, el proceso contribuía al empoderamiento. Ahora ella tenía más conocimientos, más responsabilidades y, como resultado, más que decir en muchas de las decisiones familiares. «Esa tierra era mi tierra personal», dice Vilma de su casa de Linaca. Y agrega: «Fernando sabía más de lo que yo sabía, porque él había trabajado en la finca. Yo tuve que aprender».

Las raíces de los Andrade crecieron y se fortalecieron. Fernando se convirtió en el presidente de una asociación pro mejoramiento de Linaca. Él, su hermano y sus vecinos gestionaron ante el Gobierno agua potable, electricidad y una escuela mejor. Y todas las gestiones dieron buenos resultados. En su casa, Fernando amplió la cocina y construyó una estufa Lorena, de las que ahorran leña. «Cuando comencé a realizar estos cambios, mi primer pensamiento fue aumentar la producción —lo cual logré. Pero después sentí un deseo creciente de ayudar a otra gente, en condición similar a la mía, a resolver sus problemas». Por ese deseo y por el éxito de su finca, Elías recomendó a Fernando para el puesto de asesor agrícola en un proyecto de desarrollo auspiciado por la iglesia Lincoln Christian Community. El proyecto, llamado Tierra Nueva, tenía como finalidad capacitar 1,500 campesinos durante un período de tres a cinco años en Minas de Oro —la región donde Milton Flores se enamoró por primera vez de la agricultura.

Fernando obtuvo el trabajo y la familia cambió de domicilio. Poco a poco y con firmeza, el hombre que esquivaba mirar directamente a los ojos de la gente comenzó a hablar frente a grupos de campesinos, a planificar lecciones y a instruir a otros. «Durante esos años trabajaba con mi cabeza, mis manos y mi corazón. El programa no consistía sólo en capacitación agrícola, buscaba capacitar en desarrollo humano e integración familiar». La iglesia Lincoln había enviado a una joven pareja estadounidense para dirigir el proyecto, pero Fernando era el experto en capacitación agrícola. «Al principio el trabajo resulto problemático; Elías quería que el programa estuviera ligado a la Secretaría de Recursos Naturales; nuestra posición era que debía ser un programa de la gente. Al final decidimos que el programa no pertenecía ni a la Secretaría ni a la comunidad Lincoln; era el proyecto de la gente», todo eso recuerda Fernando.

Como instructor, él vivió otra transformación. Vio con claridad, tal como Elías lo había recalcado, que la capacitación para el desarrollo era un proceso en que las buenas ideas desplazaban a las malas con información compartida en dos direcciones. Durante su servicio en Tierra Nueva, desarrolló una fuerte motivación espiritual por su trabajo y, junto con otros miembros de su familia, abrazó una nueva fe en Cristo. A medida que su fe crecía, se percató de que su comportamiento era un modelo para otros. «Usted sabe, en América Latina existe un montón de machismo, pero yo vendí mi pistola —eso no lo protege a usted. Sólo Dios lo protege a uno. Ahora yo camino con una Biblia», decía Fernando.

A finales de la década de los ochenta, los ocho principios de la finca humana —el ciclo de transformación de alumno a instructor; de iniciar el cambio y después compartir lo aprendido, con innovación basada en la sabiduría de la Creación— se practicaban no sólo en Minas de Oro, sino en los departamentos montañosos de Honduras. En muchos casos, el ciclo comenzaba en Loma Linda y continuaba con el seguimiento en el campo realizado por las ONG o por los servicios de extensión gubernamental. Para ese tiempo, Loma Linda había ganado reputación suficiente para generar críticas de aquellos que consideraban que las jornadas de capacitación de una semana eran demasiado superficiales para producir cambio duradero. En CIDICCO, Milton Flores escuchaba con atención y defendía a su mentor, y a menudo decía: «Uno no lleva gente donde Elías Sánchez para que ocurra un milagro. El punto es hacer que la gente reaccione y se dé cuenta que puede hacer cosas con las que nunca soñó. Todos necesitamos seguimiento, pero también necesitamos algo que nos motive. El curso de Loma Linda es como una inyección de entusiasmo... un retiro espiritual. Pero nada reemplaza el acompañamiento y las acciones de largo plazo. Por eso es importante la relación de Loma Linda con otras organizaciones».

Elías mismo dice que la efectividad de Loma Linda descansa en no asumir la responsabilidad de desarrollar todos los pasos del ciclo de la finca humana. «En la Biblia, los seguidores de Juan el Bautista señalaron a Cristo y dijeron, Hey, ¡él está llevándose a toda tu gente!... Y Juan respondió, ...así pues, este mi gozo está cumplido... Es necesario que él crezca, pero que yo mengue [Juan 3:29-30]. Ésa es exactamente nuestra causa. Si yo quiero que [un alumno] crezca, yo tengo que decrecer. Aceptar que él o ella tienen derecho a crecer, a aprender a asumir responsabilidades. Yo te doy importancia si yo te *escucho*».

En un inicio Vecinos Mundiales (VM) fue una de las agencias claves en la coordinación de esfuerzos. En varias oportunidades, VM llevó agricultores a Loma Linda para una semana de inspiración. Después, cuando regresaban a sus fincas, brindaba seguimiento. En otras, capacitaba en el campo, como lo había hecho ACORDE. Roberto Zepeda, un campesino del departamento de Comayagua, fue uno de los muchos que se beneficiaron del trabajo de extensión de VM. Como le sucedió a Fernando, Roberto, después de completar primer grado, no volvió a la escuela pues su padre lo impidió. Él tenía que ayudar en la finca. Roberto no le dio mucha importancia a este hecho, pues le gustaba la agricultura. Era uno de los siete hijos y el padre los necesitaba a todos para trabajar la tierra. Siendo un adolescente hizo planes para casarse. A los 16 años comenzó los preparativos mediante el cultivo de su propia parcela, independiente de la de su padre. A los diecinueve se casó con Aída Luz, una mujer joven de una comunidad vecina. «Fue un pequeño sacrificio salir de mi comunidad», dice con un guiño de ojos y una sonrisa. Ambos trabajaban duro en las laderas cultivando maíz, frijoles, caña y plátanos. El suelo no era muy fértil, pero la producción permitía subsistir.

Diez años después, cuando Roberto y su esposa tenían veintinueve años y dos hijos, un promotor de VM se detuvo en la casa de ellos. Roberto nunca había oído hablar de la organización, pero el visitante explicó sus objetivos. Roberto se unió al programa, lo cual implicaba reuniones con otros productores cada dos semanas para discutir sobre conservación de suelos. Después de reflexionar sobre las discusiones, Roberto hizo otro sacrificio —esta vez uno grande— y comenzó a cambiar sus costumbres: adoptó la preparación de terrazas, labranza mínima, y otras técnicas de conservación de suelos. Es cierto que sus métodos tradicionales producían apenas para alimentar a la familia; pero si los nuevos métodos no funcionaban, pasarían hambre. «Era un tanto peligroso cambiar, pero me mantuve firme», dice.

En 1986, después de un año de capacitación de campo con VM, Roberto continuó con el trabajo en su parcela y comenzó a compartir sus ideas. Organizaciones nacionales e internacionales prestaron atención. «Mucha gente preguntaba qué estaba haciendo y grupos de la secretaría de Recursos Naturales y de CATIE (Centro Agronómico Tropical de Investigación y Enseñanza) de Nicaragua, nos visitaban: éramos una verdadera atracción turística», dice Roberto. Aída Luz les mostraba el huerto y explicaba la forma en que cultivaba repollo y espinaca para asegurar que sus hijos tuvieran comidas balanceadas. Los Zepeda comenzaron a contar las proteínas, los carbohidratos y las vitaminas de su dieta diaria, y sustituyeron los refrescos envasados por jugos de fruta —papaya, limón, naranja agria—. Además, Roberto se sentía a gusto cuando conversaba con otros. «Ahora me puedo comunicar; yo era muy tímido. Ahora que tengo hijos mayores, puedo entenderlos», dice. La educación no formal lo convenció de dar a sus hijos una educación formal. «El mayor está muy motivado y puede que llegue al colegio, y con los otros sucede lo mismo», dijo.

Un año después, VM le ofreció trabajo en el área de extensión agrícola. Con el apoyo familiar, aseguró el cuidado de su finca durante la semana y aceptó el puesto en El Jute, cerca de Tegucigalpa. A un año de haber sido alumno, se convirtió en capacitador. Los campesinos eran algo resistentes a ideas nuevas, pero Roberto comprendió tal desconfianza y dejó que su trabajo hablara por él. Algunas veces la desconfianza surgía entre vecinos e incluso entre familiares. De hecho, los hombres de El Jute cargaban pistolas, y el cementerio estaba lleno de gente que no pudo llevarse bien. Algunas veces, dos miembros de una misma familia no podían asistir a una reunión comunitaria porque la enemistad era muy fuerte.

Con todo, los antepasados de los agricultores de El Jute tenían conocimientos sólidos sobre la protección y el mejoramiento del suelo. Su sistema tradicional de milpa comprendía la siembra simultánea de maíz y ayote, proveyendo la seguridad alimentaria de un cultivo doble. El ayote, cultivo de cobertura, no demandaba nutrientes del suelo y sus hojas se convertían en colchón protector. La práctica estaba a punto de desaparecer y el camino fue largo para reconstruir la confianza en tradiciones positivas y en parientes. Después de cuatro años —con terrazas y acequias que comenzaban a delinear los cerros de El Jute, con la práctica de siembra simultánea difundiéndose y con una mejoría en las relaciones comunitarias—, los agricultores locales dijeron adiós a la presencia formal de Vecinos Mundiales en su comunidad, pero no se despidieron de Roberto. En 1991, CIDICCO lo contrató para atender su primera oficina en el campo. Tenía como misión capacitar en el mejoramiento de suelos.

Milton Flores descubrió que el seguimiento en el terreno era una de las llaves para el cambio duradero. Tal

como sucedió con las familias Andrade, Amador y Zepeda, las actitudes de los agricultores de El Jute hacia la
tierra y su forma de vida generó, en varios de ellos, nuevas actitudes hacia la salud, la educación y la equidad en
la familia. Pero no todos estaban convencidos. Recuerda
Milton:

> Una de las mujeres participantes en el programa de
> CIDICCO, le preocupaba que no se tomara en cuenta
> el tema de la educación y manifestaba: 'Para usted
> agricultura es lo más importante; sin embargo, educa-
> ción es lo realmente importante'. Ella pensaba que
> educación era enseñar a los niños a leer y a escribir.
> Pero nosotros queríamos ir más allá de eso, contar
> con un desarrollo agrícola que enseñe y aprenda desa-
> rrollo humano.

Sin embargo, comprendió que en la capacitación de
los agricultores que carecían de escuela formal, ciertos
materiales propios del aula de clase podían cubrir ciertas
brechas. Un globo terráqueo, por ejemplo, era una herra-
mienta poderosa. «Las preguntas: ¿Dónde está usted?
¿Dónde está parado? ¿Dónde vive? ¿Dónde queda Honduras? ¿Cuáles son las relaciones entre las cosechas y la
luna, y el sol y los eclipses? Este tratamiento resulta muy
útil en la enseñanza de adultos», dice Milton.

Irónicamente, durante ese mismo período, Elías enta-
bló relaciones con un grupo de agricultores que poseían

una educación formal y que buscaban capacitación no formal: los agrónomos de Zamorano. Rafael Díaz, el antiguo supervisor de Elías en la Secretaría de Recursos Naturales, había regresado a su alma máter, la Escuela Agrícola Panamericana, como profesor de un curso sobre agricultura en laderas. Cada viernes, los estudiantes de Zamorano visitaban Loma Linda para observar los frutos de la agricultura orgánica. Díaz manifestó:

> Comenzamos las visitas en 1983. Es bueno que los zamoranos conozcan lo que Elías ha hecho, porque es diferente a lo que ellos ven en Zamorano. Elías le está diciendo a la gente que puede hacer cambios en su vida por sí misma. Sólo hay que creer en uno. Está mostrando el desarrollo de la gente en lugar del desarrollo de la agricultura.

Raúl Zelaya, un instructor y administrador de Zamorano, relata cómo los esfuerzos iniciales para introducir el tema de agricultura alternativa dieron paso a una especialidad de investigación. «La misión principal de Zamorano es formar agrónomos técnicos para América Latina», dice Zelaya, «pero se ha contado con personas interesadas en el desarrollo social». Después del inicio de la clase de agricultura en laderas, la Facultad se reunió y formuló una propuesta que fue presentada a la Fundación Kellogg. «Nos asignaron 1.3 millones de dólares [en 1988] para iniciar un programa de desarrollo rural. En el cuarto año [1992], nosotros... obtuvimos otra subvención de 1.5 millones de dólares». El Centro W. K. Kellogg y el Programa de Desarrollo Rural llevaron los servicios de extensión a las comunidades, lo que permitió trabajar con agricultores en cuatro zonas (incluyendo Tatumbla, justo a la par de Linaca), en producción experimental de hortalizas, construcción de letrinas, almacenamiento de granos, cría menor de animales domésticos y control de plagas. Además, en el cuarto año del programa de agronomía, desarrollo rural se convirtió en una especialidad opcional[23].

«La primera vez que mencioné la frase 'trabajo de extensión' fue en 1988», dice Zelaya, quien dirigió el Programa de Desarrollo Rural de Zamorano hasta 1992. «Cuando pregunté a los estudiantes si estarían interesados en aprender eso, de un grupo de 166, sólo uno levantó la mano. Ahora tenemos un grupo que representa el 25 por ciento de nuestra clase de cuarto año, y que se autodenominan 'desarrollistas'. Cerca de un tercio de la clase de tercer año ha manifestado su interés en el tema. La idea de este curso sobre desarrollo no es preparar agentes de extensión. Queremos preparar agrónomos técnicos; queremos preparar empresarios, pero con un mejor entendimiento de lo que constituye desarrollo y extensión en la educación de adultos», concluye Zelaya.

---

23   Hoy, Zamorano, con más de 800 estudiantes, forma ingenieros agrónomos en las carreras de Agroindustria, Ciencia y Producción Agropecuaria, Desarrollo Socioeconómico y Ambiente, y Gestión de Agronegocios en un período de 4 años. (N. de los E.)

Los viernes, los futuros egresados de Zamorano llegan a Loma Linda e inician el ascenso de la ladera por puentes peatonales, construidos con llantas desechadas, hacia las terrazas, donde los agricultores están trabajando con Jorge. Ese viernes hay doce «zamoranos», incluyendo dos jóvenes mujeres. Son originarios de El Salvador, Guatemala, Honduras, Bolivia, Costa Rica y Ecuador. Está presente también un estudiante norteamericano de intercambio. Elías les explica los beneficios de la agricultura orgánica, y hace que los estudiantes metan sus manos en el abono para familiarizarlos con las lombrices y los gusanos. Ellos observan la siembra de hortalizas en medio de árboles frutales, de cultivos de cobertura en medio del maíz, y aplican mezclas de repelente natural contra los insectos. Después, Elías conduce a estos jóvenes elite a un encuentro con los campesinos.

«¿Tienen alguna pregunta?», Elías interroga. Silencio. «Bueno», les dice a los agrónomos, «les voy a hacer dos recomendaciones que ellos hacen: ¡No fumen y no se paren en las plantas!» Todos ríen. «¿Correcto?» Pregunta Elías a los agricultores. «Ven, ellos son considerados. Los campesinos tienen más cuidado con sus campos que los agrónomos porque ellos no tienen el montón de dinero para malgastar».

Los agrónomos, en sus pantalones vaqueros con cintas métricas engarzadas en sus fajas, camisas de trabajo azul y botas, sonríen irónicamente. «La mayoría de nosotros quiere regresar a casa y administrar nuestra propia finca. Sé que suena egoísta y que más bien deberíamos ayudar a otros. Pero la mayoría de los estudiantes tiene bastante dinero. Así es como están las cosas», reconoce, a sus 19 años de edad, Mauro Mendizábal, estudiante de segundo año de agronomía, procedente de Bolivia. Él y sus compañeros emprenden el regreso y siguen a Elías colina abajo, en fila india, con la precisión y disciplina de zamoranos. De repente, Mauro rompe la fila y se aparta hacia la izquierda: en su camino crecía un delicado retoño.

La Escuela Agrícola Panamericana, Zamorano.

Estudiantes de Zamorano en una jornada de aprendizaje en Loma Linda.

7
Tempestades y plagas

Tengo que referirme al tema propuesto para
el capítulo 7... No hay momento más oportuno para
hablar de tempestades... Mi esposa... y mis hijos estamos
pasando por la experiencia más devastadora
de nuestras vidas.
Milton Flores*

En una casa de dos cuartos que Roberto construyó
en El Jute, hay un afiche que advierte sobre los efectos
de la agricultura de roza y quema; las fotografías muestran vacas famélicas, tierra árida y niños desnutridos, en
campos donde los árboles han sido arrasados. Otro afiche muestra los resultados de los métodos de conservación del suelo y de los cultivos de cobertura: en parcelas,
con terrazas retenidas por barreras de piedra y cultivadas
utilizando labranza mínima, brotan tallos de maíz altos,
lozanos, verdes. En los alrededores de la casa de Roberto, pocas veces los contrastes son tan absolutos. Hoy su
parcela demostrativa —con terrazas, cultivada y protegi-
da por un repelente orgánico para insectos— está pobla-
da de toda clase de bichos. Las barreras vivas plantadas
para retener el suelo, están plagadas de mariposas, lan-

---

* Fax enviado a la autora, 7 de septiembre de 1992.

gostas, arañas, escarabajos y otros insectos dañinos. Cientos de zanates se posan vigilantes en los tallos de maíz doblados, ignorando al espantapájaros que agita las mangas de su camisa en el centro de la parcela. Los gusanos han perforado las gruesas cabezas de repollo chino, y una plaga está empezando a dañar el cultivo de cacahuate. Milton Flores, que ha venido desde Tegucigalpa para acompañar a Roberto en un día de campo, saca un escarabajo amarillo de una hoja de repollo y, sonriendo, exclama «¡Aquí tenemos de todo!».

En el cálculo de costo beneficio que un campesino hace, el punto de equilibrio equivale a la supervivencia. El único incentivo de él o ella para arriesgarse a innovar es el éxito visible —sembrar rábanos que germinen en dos días, cilantro que madure en tres semanas, todos con buenos precios de mercado. Pero, a la par de cada innovación, el fracaso acecha con variados disfraces: plagas, enfermedad, mal tiempo, imperfecciones de mercado y, sobre todo, conflictos familiares y discordia en la comunidad. Roberto aplica cal en su cultivo de tomate para repeler los bichos y señala que algunos de éstos son beneficiosos: las arañas son sus compañeras de trabajo, pues se comen a otros insectos que dañan los cultivos. Está experimentando la siembra intercalada de una planta de olor fétido llamada chinche (en honor a su homónima de olor fétido, la chinche) para repeler a otros insectos; y está utilizando diferentes compuestos orgánicos para bloquear las enfermedades del tomate. Roberto ha observado que la infestación de insectos aparece y desaparece en diferentes momentos del mes, relacionándose con los diferentes estados de la luna; y está haciendo lo mejor que puede para anticiparse y prevenir los ataques. «Hágalo usted mismo y vea si el esfuerzo vale la pena. Produzca la evidencia de que lo que usted predica se puede hacer», dice.

En contraste con la arquitectura local, Roberto ha hecho ventanas grandes en las paredes de su casa para permitir la circulación del aire. Y ha construido un techo a dos aguas, que es menos caro que un techo tradicional de cuatro aguas. Está empleando su primer año de trabajo con CIDICCO en sembrar, construir, combatir las tempestades y las plagas. Y los aldeanos lo están observando. Algunos, por primera vez, han comenzado a sembrar zanahorias; algunos le han preguntado sobre su cultivo de papas. Aun en poblaciones donde los riesgos de la innovación son bajos y las recompensas aparentes, a menudo se requiere altos incentivos de mercado o mejoras aseguradas en la calidad de vida para cambiar patrones de comportamiento. En El Jute, la gente es pobre; está cansada y oprimida. Ellos a duras penas resisten. ¿Cuáles son sus incentivos para exponerse a la aventura del cambio? ¿Por qué deberían confiar en un extraño?

En El Jute viven treinticinco familias, y dieciséis de ellas participan en el programa de capacitación de CIDICCO. «Nosotros hemos hablado con la gente, y algunas veces no quieren participar. Las personas tienden a desconfiar de lo desconocido. Ellas tienen otras cosas que hacer», dice Roberto. Pero aun los que no participan observan. «La ventaja es que nosotros tenemos mejor maíz y frijoles, y hemos empezado a cultivar hortalizas que tienen demanda. Sembramos el maíz más cerca y eso significa menos trabajo para regar y desyerbar, pero toma tiempo [a nuestros vecinos] llenarse de motivación». Las parcelas del vecino de Roberto tienen terrazas y su propietario ha excavado una acequia a nivel para drenar el agua lluvia. El acre olor de los pesticidas flota en el ambiente. Roberto frunce la nariz en señal de desagrado. Con claridad, el agricultor está convencido de la conservación de suelos, pero ha perdido fe en la agricultura orgánica. Roberto considera que «el problema es que la gente quiere ver siempre una fruta bella. No le importa lo de adentro. La fruta orgánica puede tener un agujero por aquí o por allá, pero es mejor». Usted tiene que saborearla. Los agricultores tienen que saborearla también. Los trabajadores del desarrollo tienen que conocer el trabajo arduo del agricultor.

Mientras combate la infestación de insectos, en octubre de 1992, Roberto recibe la noticia de que la finca de su familia en Comayagua ha sido arrasada por las inundaciones y los deslizamientos de tierra. El fin de semana tendrá que partir temprano para ayudar. Las intensas lluvias fuera de temporada han ocasionado deslizamientos hasta en El Jute. Movilizándose a través de los campos, Roberto escala una colina, arriba de las terrazas de lechuga, a través de un campo de maíz, hacia dos aboneras pertenecientes a campesinos del programa que han unido sus campos y están trabajando juntos. Sus tierras colindan con las de un campesino que ha decidido no ser parte del programa, y ofrecen una vista donde se observa con claridad la conservación del suelo y la erosión del suelo: De un lado están las ordenadas terrazas de apio, cilantro y maíz de los campesinos relacionados con CIDICCO; del otro lado, una inclinada ladera sembrada de maíz que da a un pequeño valle. Sus irregulares tallos están espaciados a gran distancia, y su suelo está lavado, dejando al descubierto grandes rocas que sobresalen entre el maíz.

Aun los campesinos que se han unido al programa, que han aumentado e intensificado la producción, que han evadido la plaga, enfrentan enormes obstáculos para obtener ganancias. Cada vez más Milton Flores encuentra campesinos interesados en hablar no sólo de producción, sino también de estrategias:

> Ellos se están dando cuenta que necesitan sembrar diferentes cultivos. En el pasado, si alguien sembraba repollo, todos los demás sembraban repollo. Cuando los repollos inundaban el mercado, el precio se venía abajo. Hoy los agricultores quieren diversificar para obtener buenos precios. Así como han logrado comprender que la salud, la educación y el bienestar de sus familias son parte de una finca exitosa, ellos comienzan a entender que la agricultura es un proceso global, desde la producción y el control de plagas hasta el mercadeo.

Hay un bus que viaja todos los días hacia Tegucigalpa y lleva a los agricultores y sus productos hasta uno de los mercados de la capital. Si usted llega temprano, verá el bus descargar su flete de campesinos y mirará a los intermediarios o coyotes, con aires de importancia, rodear a los campesinos y comprar sus productos a granel sin mucha discusión. Los intermediarios o coyotes dan la vuelta y doblan el precio para los clientes del mercado, clientes que regatearán una rebaja de diez centavos durante cinco minutos. «Los agricultores saben que esto está pasando, pero tienen pena y miedo de ubicarse en el mercado y vender por ellos mismos», opina Milton. Un agricultor llamado Pablito, que facilitó la tierra en El Jute para la finca demostrativa de CIDICCO, no se atreve a ir a la feria; envía a su esposa. Milton piensa que «ellos tienen miedo de ofrecer sus hortalizas a un precio determinado y que alguien les diga: 'No, eso es muy caro'; ellos no quieren sentirse avergonzados ni descorazonados. Es algo psicológico».

José Benito Ponce, de 52 años de edad, y su hijo Andrés, de veinticuatro años, son excepciones que podrían cambiar la regla en El Jute. Hace seis años tuvieron la oportunidad, bajo el programa de extensión de Vecinos Mundiales, de visitar Granja Loma Linda y ver los resultados de la creatividad, el trabajo duro y el amor por la tierra. Ellos escucharon con atención las charlas de Elías sobre la producción para el mercado. «Nos dio un montón de ideas; antes, acostumbrábamos trabajar diez parcelas de tierra; ahora concentramos nuestros esfuerzos», expresa Benito. De hecho, la familia Ponce ha reducido la cantidad de tierra cultivada: de cuatro manzanas

(2.8 hectáreas), dispersas en diez diferentes parcelas, pasaron a una manzana (0.7 hectárea) en una parcela grande. Han destinado una porción de esta agricultura intensiva a verduras comerciales. Diferente a la finca de los Andrade en Linaca, la tierra de los Ponce era fértil, pero al igual que los Andrade, los Ponce habían llegado al punto en que su parcela demandaba mejoras. «Nosotros teníamos buena tierra, pero no teníamos ideas». Ahora Benito y Andrés tienen una finca compacta con terrazas de maíz y cultivos de cobertura cultivadas apretadamente, hortalizas y pastos para los animales de trabajo, y un campo drenado en tierra baja donde siembran cilantro, un cultivo para el mercado. «Nosotros nunca cultivamos esta parte de la finca, estaba abandonada», dice Benito. Ahora, con acequias, es la parcela más lucrativa. Benito y su hijo le hicieron frente al mercado en 1992 para vender su cosecha de cilantro, y recibieron un buen precio.

Milton y Roberto se agacharon y trabajaron con Benito y Andrés, recolectando cilantro y acomodándolo en mazos. Milton siempre trabaja con los campesinos cuando los visita. Agarra un azadón y realiza labores de labranza por una hora o dos. «Es una forma relajada de hablar sobre el éxito, los problemas, las nuevas ideas», dice. En los últimos días, Milton se ha sentido especialmente cercano a las necesidades y miedos de los hombres y mujeres de El Jute. Ellos lo han apoyado durante una tempestad cuyas nubes, negras y pesadas, todavía se ciernen sobre él y su familia. Cuando Milton sale de El Jute, un agricultor lo llama y lo invita a su casa. Es el dueño de las bellas terrazas productivas que colindan con las erosionadas laderas. La casa está recién pintada de color turquesa brillante; el patio está limpio; y las gallinas están a salvo de los depredadores en un gran corral cercado con alambre. No es difícil establecer la conexión entre el cuidado que uno le brinda a su tierra y el que le brinda a su hogar.

Milton sale de la casa con un obsequio dulce y oloroso: una bolsa de tamales de maíz calientes, hechos con la primera cosecha de los maizales del agricultor. Alejándose de la nítida casa, bajo los árboles de ciruelos, llenos de niños recogiendo la fruta, Milton medita sobre el impacto del trabajo de Vecinos Mundiales y de CIDICCO. Los resultados cuantitativos serán claros. Él y Roberto documentarán y correlacionarán el uso de cultivos de cobertura con los cambios en los rendimientos de la finca. Pero los resultados cualitativos serán importantes para asegurar el cambio permanente, y éstos son mucho más difíciles de medir. ¿Algún día este grupo de campesinos perteneciente al programa será motor de cambio en la comunidad? ¿Alcanzará el punto número seis de la metodología de la finca humana de Loma Linda y compartirá lo que ha aprendido? Sólo imagine, si dos personas trabajando juntas en 0.2 hectárea comparten, cada uno, su visión y habilidades con otras dos, entonces, ese mismo año, cuatro personas estarían practicando conservación de suelos en 0.8 hectárea. Y si de esas cuatro, cada una enseñara a cuatro más el próximo año; y de esas dieciséis, cada una enseñara a dieciséis el próximo, y si la réplica continuara diligentemente, para el cuarto año, 65,536 campesinos estarían conservando 13,256 hectáreas. Milton piensa que ése sería un gran impacto en la conservación de la tierra rural, y CIDICCO está esforzándose para nutrir tal cambio.

En El Jute, los agricultores del programa cuentan con una plataforma para promover mejoras sociales: escuelas, educación, sistemas de agua potable para remplazar dos pozos abiertos. Esta plataforma se basa en el respeto que se han granjeado por su éxito económico. Ellos podrían poner su creatividad al servicio de la comunidad; podrían compartir lo que han aprendido; podrían trabajar juntos. Pero, en términos generales, todavía no lo hacen. Recientemente, varios agricultores le pidieron a Roberto que hiciera arreglos para que un camión transportara una carga de estiércol para sus aboneras. Al día siguiente, otros le solicitaron el mismo servicio, y después varios más. Entonces Roberto les preguntó: «¿Por qué no se juntan y rentan un camión grande para todos?». Aun después de varios años de participar en el programa de extensión, ellos no eran capaces de reflexionar sobre cómo compartir sus cargas.

Manejando de regreso a la capital, Milton pasa por una pradera verde salpicada de cruces blancas y pequeños lotes llenos de flores. Su rostro se entristece con un recuerdo que lo llena de dolor. Minutos después, se detiene en una casa tan compacta como la de la finca de los Ponce. Es el hogar de la familia Flores; es una casa de ciudad construida por un proyecto cooperativo en una de las tantas faldas de los cerros de Tegucigalpa. En el frente hay un jardín pequeño con llantas viejas llenas de tierra con tallos de maíz. Hay también dos matas de café y un pequeño árbol de eucalipto que la hija de ocho años de Milton, Andrea Alejandra, ayudó a plantar. En el interior de la casa, tres dormitorios, un baño y una cocina pequeña rodean un espacio familiar para sentarse, comer y jugar. Aarón de seis años y Mauricio de cuatro, lo están utilizando con ventaja plena, retozando como gatos, riéndose y armando juegos. Detrás de ellos, en una mesa de esquina descansa una foto de su hermana nacida en los Estados Unidos: su cabeza inclinada, sus ojos oscuros brillantes, sus labios firmemente apretados en una dulce sonrisa que esconde un espacio donde el ratoncito se alzó con su premio. Andrea ha sido un ídolo para sus hermanos; un tesoro para sus padres. Miriam prepara la cena y a menudo sale de la cocina para enterarse de lo que sus muchachos están haciendo, contemplándolos tiernamente con su mirada triste. Los abraza, ríe con ellos, los consiente.

Se dice que la familia Flores siempre ha sido muy unida, pero lo es más en estos días. Hace dos meses, el 25 de julio de 1992, ellos conocieron las profundidades de la desesperación. Andrea, accidentalmente, tragó una pequeña pieza de plástico que obstruyó su garganta. En minutos se trasladaron al hospital público, y, en minutos, Andrea había partido. Los doctores diagnosticaron un paro cardíaco. Miriam y Milton estaban destrozados. Ahí, en el hospital público, rodeados de gente pobre que esperaba un turno, el dolor, el miedo, la impotencia los inundó.

«Mucha gente envió tarjetas y mensajes hermosos, pero nada de lo que alguien mas dijera podía ayudarme, Dios tenía que hablarme a mí directamente», dice Milton. Miriam encontraba consuelo leyendo la Biblia. Con todo, los amigos y la familia trajeron fortaleza a través de la solidaridad. «Ayudó ver el gran número de personas que llegó a la iglesia a acompañarnos en nuestra aflicción», dice Milton. De todo el funeral, sólo puede recordar una condolencia: un tío mayor viajó desde Choluteca al servicio religioso, él abrazó a Milton y le dijo: «He venido aquí para llorar con usted». Cuando ellos llegaron al cementerio, en las afueras de la capital, y se agruparon alrededor de la sepultura cubierta de flores para despedir a Andrea, Milton le dijo a Miriam: «Mi tío ha venido aquí a llorar con nosotros».

Las palabras de su tío estaban llenas de sabiduría: para aliviar las penas, primero llora con el que sufre. En El Jute, por ejemplo, el miedo al desamparo corre profundo. Cuando a un campesino le da fiebre, se preocupa porque puede ser mortal. Cuando el estómago de un niño se acalambra, el dolor puede ser pasajero o fatal. Después de la pérdida de Andrea, Milton visitaba El Jute con frecuencia. Cultivaba y plantaba con Roberto, Benito y los otros campesinos. Ellos lo ayudaron con su presencia sosegada. Ellos lo ayudaron confiándole su propio dolor frente a la pérdida de sus hijos. Aun así, el llanto de Milton no cesaba. Un día, la mujer de la casa color turquesa, lo conminó a no derramar más lágrimas. «No es bueno llorar mucho por su niñita, que ya es un ángel. Sus lágrimas ensucian a los ángeles», le dijo. Ella sabía esto por una mujer de la comunidad que había perdido a su hijita de seis años, y estaba tan desesperada que, durante meses, iba todos los días al bosque y lloraba y lloraba. Entonces, un día, vio a su niña y estaba toda sucia. Ella vio lo que sus lágrimas habían hecho y, después de eso, la mujer no lloró más: Sólo las lágrimas humanas pueden ensuciar a alguien que ya está purificado. Poco tiempo después, lejos de Honduras para participar en una conferencia, Milton tuvo su propia visión: despertó de su sueño con la fuerte sensación de haber estado llorando por Andrea, y que ella había estado parada ahí, mirándolo, y que le había dicho: «¿Cómo es posible que yo lo esté haciendo sufrir tanto?

Los campesinos de El Jute se sintieron más apreciados que nunca porque Milton compartía su pena con ellos. Milton, en su sufrimiento, se dio cuenta que amaba a su familia más que nunca. Él reconoció: «Después de Dios, mi familia es lo más importante». En un momento de reflexión, Dios llamó su atención con un verso de la Biblia que Milton consideró la respuesta a recibir en vida sobre el misterio de la muerte de Andrea: «Amados, no os sorprendáis del fuego de prueba que os ha sobrevenido, como si alguna cosa extraña os aconteciese, sino gozaos por cuanto sois participantes de los padecimientos de Cristo, para que también en la revelación de su gloria os gocéis con gran alegría... De modo que los que padecen según la voluntad de Dios, encomienden sus almas al fiel Creador, y hagan el bien» (Pedro 4:12-19). Milton y Miriam retomaron sus rutinas en el trabajo, en la casa, en la iglesia, es decir todas las rutinas, menos una: la de escuchar música.

Los Flores no eran los únicos personajes de la finca humana que atravesaban por tormentas personales. Pero su revelación de que la familia estaba antes de la vocación —aun antes de ayudar a otros— era significativa. Don Elías, a pesar de su enfoque sobre el desarrollo holístico de la familia campesina, se dio cuenta, a finales de los años setenta, que sus lazos familiares se habían desgastado. En 1980, optó por su vocación y no por su matrimonio: él y Liliana se divorciaron. Sus tres hijos, José Elías, Liliana y Mireya del Carmen, se distinguieron en sus estudios, desplegaron la independencia de su padre y la cultura de su madre. Pero la unidad familiar que habían conocido no existió más.

También Cándida enfrentó la desintegración de su familia. Después de comenzar su trabajo en Loma Linda, el hombre en su vida y el padre de sus tres hijos, un conductor de taxi, iba a la finca todos los días, al finalizar su turno, y la transportaba a Tegucigalpa. Algunas mañanas, Cándida se presentaba al trabajo con moretes. Los amigos decían que su marido bebía y era celoso. La abuela paterna de sus hijos, que los cuidaba y criaba mientras la pareja trabajaba, era, muchas veces, más madre para ellos que la misma Cándida. Ésta no es una situación exclusiva de Cándida, tampoco era una situación que ella esperaba cambiar. Después de años de cocinar para los campesinos en Loma Linda, de observar su crecimiento y el cambio de actitudes, Cándida decidió transformar su vida. Dejaría Tegucigalpa, Loma Linda, su familia, sus hijos, su país, y migraría a Florida; ella comenzaría de nuevo. En 1991, Cándida salió de Honduras y emprendió el viaje.

Para su sorpresa y a pesar de estar siempre rodeado de gente, Elías se sintió de pronto solo. Contrató a otra persona para cocinar y manejar los servicios de la finca, pero no encontró a nadie con el compromiso de Cándida: «Ella no era una empleada, era un honor», se dice a sí mismo. Elías sufrió otra pérdida cuando se rompió su relación con Vecinos Mundiales, cuyo status legal dependía del patrocinio de ACORDE[24]. En medio de toda la turbulencia, Elías echaba de menos la calma, el firme apoyo de Cándida.

24　A finales de 1980, se inició una división entre Vecinos Mundiales y ACORDE. En 1989, el desarrollo de las actividades de Vecinos Mundiales experimentó una expansión problemática relacionada con el mercadeo de productos agrícolas en tiendas de Tegucigalpa, que generó tensiones en las relaciones de Vecinos Mundiales y ACORDE. Si bien la idea de mercadear los productos agrícolas había sido un sueño de Elías, él sintió que como director de ACORDE y responsable legal de Vecinos Mundiales/Honduras, no fue debidamente consultado sobre la decisión vertical de integrar y expandir programas. Además, criticó el desinterés de Vecinos Mundiales por capacitar y trasladar

Por ese tiempo, Fernando y Vilma hicieron frente a sus propias turbulencias. El proyecto Tierra Nueva finalizó en 1989, y los Andrade tenían una elección que hacer: asentarse en Minas de Oro o regresar a Linaca. Fernando miraba gran potencial en la tierra de los alrededores de Minas de Oro. La región tenía buenos suelos y, con sus ahorros, podía comprar una buena finca. Su experiencia con Tierra Nueva había sido positiva. Había hecho amistad con la pareja norteamericana para la cual trabajaba, había viajado con ellos al Pacific Northwest, donde conoció a los donantes del proyecto. Sin embargo, Vilma quería regresar a la casa, y su casa estaba en Linaca. Su hija mayor, Nora Cristina, estaba allí con su esposo, y también la tierra de su familia. Además, estarían cerca de hospitales en Tegucigalpa, en caso de que alguien se enfermara.

---

personal hondureño a posiciones de dirección clave asignadas a extranjeros; y, sobre todo, lo que él percibió como un énfasis en transferencia de tecnología. Lamentablemente, la desconfianza y la arrogancia que socavan los esfuerzos comunitarios, también son un obstáculo en el interior de las organizaciones que buscan asistir a las comunidades. Los líderes de Vecinos Mundiales/ Honduras y los de Loma Linda no fueron inmunes y la enfermedad cobró un alto precio en sentimientos, tiempo y energía. En 1991, después de una serie de negociaciones, Vecinos Mundiales se separó legalmente de ACORDE y se convirtió en una ONG internacional independiente con personería jurídica en Honduras.

La verdad era que Vilma nunca se había sentido tomada en cuenta por los que dirigían Tierra Nueva en Minas de Oro. Sabía que ellos habían ejercido gran influencia sobre su esposo, pero nunca había sentido su afecto. Por dos días, Fernando y Vilma discutieron su futuro y, finalmente, Vilma dio un ultimátum y le dijo: «Si querés, vos podés comprar tierras; pero yo me regreso a Linaca». Fernando se mordió la lengua. En el pasado, sólo hubiera dado la orden de quedarse, pero Vilma sabía que él había cambiado. Ella lo había visto crecer en su fe, y sabía que sus acciones iban a continuar. Fernando apoyó la decisión de Vilma; empacó su vida en Minas de Oro, y se trasladó, junto con su gente, a Linaca.

Con el dinero que había ahorrado, mandó a embaldosar el piso de la casa; y sembró un bancal de ajo, cultivo destinado al mercado. Tuvo capacidad de pago para enviar a Nora Cristina a una escuela privada donde estudió contabilidad. Sin embargo, no pudo pagar una escuela especial para Sonia, quien tenía un problema de aprendizaje que las escuelas públicas, por falta de recursos, no podían atender. Pero Sonia, que había estado en casa ayudando a su madre desde que finalizó su sexto grado, comenzó a recibir una educación diferente de parte de los visitantes que llegaban para contemplar el maíz de los Andrade.

El regreso a Linaca estuvo lejos de ser un regreso triunfante. Algunos vecinos todavía resentían el éxito de Fernando. La decepción mayor tuvo que ver con su hermano Edilberto, quien había abandonado la conservación y mejoramiento de su parcela. El maíz de Edilberto, frente al de Fernando, medía sólo 1.83 cm de alto, mientras el de Fernando medía tres metros, y la basura estaba regada por todo el patio. El hermano de Fernando había tomado un trabajo asalariado como extensionista en un proyecto gubernamental e, irónicamente, ya no tenía tiempo para conservar y realzar el suelo de su propiedad.

Uno de los amigos de Edilberto, un oficial de policía, regresó recientemente de un viaje de Taiwán, auspiciado por el Departamento de Justicia. De visita en un día lluvioso, hace sentir su pesimismo con relación al país. Dice estar convencido de que los esfuerzos locales, un campesino que mejora su tierra y el bienestar de su familia, nunca pasarán de ser una gota en el océano de las necesidades de desarrollo de Honduras. Proclama: «Honduras no tiene esperanza. El desarrollo es imposible sin una administración científica».

Honduras carece de una industria planificada centralizadamente, dice, y carece de un centro nervioso de conocimiento. Sólo imaginen el cuerpo intelectual que Chiang Kai Shek trasladó a Taiwán desde China, cuando escapó de las fuerzas de Mao Tse-Tun. Sólo piensen en la riqueza fenomenal que Taiwán ha creado y en su exitosa reforma agraria. «¿Pero, qué hay de los costos del crecimiento económico de Taiwán?», pregunta uno de sus oyentes. «¿Qué hay acerca de los ríos muertos y las ciudades contaminadas?» Eso, según el agente público, se podía revertir. ¿Pero el futuro de Honduras? Ése, es un callejón sin salida. Los campesinos también podían rendirse. Aun y cuando ellos pudieran aumentar su producción, no tendrían mercado y el gobierno no podría comprar el excedente de la producción. En efecto, Edilberto se había rendido. Sin embargo, detrás de la lluvia que caía persistentemente ese día, otra tormenta se estaba gestando, y esta vez no arreciaría contra los campesinos, sino contra las potencias centrales que hombres como el funcionario público, creyeron dignas de mayor confianza.

8
Manos para la cosecha

*Algún día, la gente tendrá que establecer
la relación que existe entre el éxito individual
y el éxito comunitario.*
Loral Patchen
Voluntaria del Cuerpo de Paz

Durante una década, buena parte del crecimiento de los agricultores de las montañas y laderas hondureñas se nutrió de Granja Loma Linda. Para 1992, el movimiento de la finca humana había generado, en diferentes puntos del país, más de una docena de centros de enseñanza independientes. El gobierno y las organizaciones donantes habían aceptado los principios de la finca humana como fundamentos para el desarrollo rural en los diferentes niveles: desde la asistencia individualizada a campesinos y comunidades, hasta los esquemas regionales y nacionales. En la búsqueda de su fortalecimiento, los agricultores de las laderas no estaban solos. Desde los llanos y montes, los bosques y las riberas de los ríos, grupos marginados, campesinos, cazadores y recolectores comenzaban a movilizarse, a hacerse oír, a reclamar sus derechos y sus recursos. Loma Linda era una corriente importante en la marea de cambios que estaba recorriendo el país.

El enfoque de don Elías se replicaba en los rincones más remotos de la nación, como los ubicados en el sudoeste del departamento de Intibucá, cerca de El Salvador. Aquí, una década después, en una pequeña comunidad llamada Semane, germinó una de las semilla sembradas en Loma Linda, en 1980. Entre las guardianas de la semilla se encontraba una voluntaria del Cuerpo de Paz: Loral Patchen. Esta responsable joven, delgada y con una indomable cabellera de rizos rubios, trasplantó sus raíces primero de Rockton, un pequeño pueblo de Illinois, a la *Ivy League* (grupo de universidades en el noroeste de Estados Unidos famosas por su prestigio académico y social). Después se trasladó al sur, a una comunidad centroamericana. Cuando se unió al Cuerpo de Paz, después de graduarse de la Universidad de Brown (Brown University), había decidido aprender de los hondureños ubicados en la base y promover el desarrollo tomando en cuenta algunos de sus aspectos fundamentales: desarrollo local, centrado en la persona, transformador. Quería un trabajo que le demandara vivir con los pobres, como pobre. Semane, sin teléfonos, sin electricidad, sin carros ni servicio regular de buses, reunía todos los requisitos.

Esta región fronteriza estaba tan desconectada de la red gubernamental, que no hace mucho tiempo sus moradores utilizaban el colón salvadoreño como la moneda en curso. Después de concluir su capacitación en conservación de suelos, Loral, con su bulto de pertenencias, recorrió los senderos montañosos hasta llegar a una pequeña comunidad rural. Desde ese momento, comenzó a descubrir la realidad local: tenía que construir su propia vivienda. Mientras tanto, se podía quedar en la casa de Gregorio y Cándida Vásquez, un hogar campesino. Y así comenzó su aprendizaje.

Si bien pocos habitantes sabían leer, Loral pronto se dio cuenta de que a ellos les gustaba citar; y uno de sus autores favoritos era un hombre llamado don Elías Sánchez. Si el tema se relacionaba con la conservación de suelos, la respuesta era, inevitablemente, una sesuda frase del amo y siervo de Loma Linda. «El licenciado Elías Sánchez siempre dice...», se convirtió en una frase familiar. «Ellos lo citan continuamente. De cierta forma es como un culto; pero de otra, es sólo una voz que escuchan», pensaba Loral. Y creía que lo que ellos escuchaban los hacía creer en su propio éxito. Elías los había convencido de que tenían muchos dotes y podían cambiar su parcela, y ésa era la clave para el desarrollo sostenible. «Elías no había sido idealizado, sino sus ideas», concluía Loral.

Se enteró que la voz de don Elías tardó años en atravesar las montañas neblinosas de Intibucá. Su anfitrión Gregorio fue finalmente la vía. Diez años antes, cuando don Elías comenzó a invitar campesinos a Loma Linda, Gregorio fue parte de un grupo enviado por Save the Children, que desarrollaba un proyecto orientado a incrementar el recurso agua para uso del hogar y del huerto familiar. Los campesinos vieron los frutos de la finca humana, pero los resultados perdurables del proyecto se tradujeron en tecnologías relacionadas con el aprovechamien-

to del agua: un cuarto de las ochenta familias en Semane
había desarrollado sistemas de agua corriente con pilas y
mangueras. El recurso agregado ayudaba a los quehaceres domésticos y a la higiene; pero contribuía muy poco a
la solución de un problema mayor: la desnutrición. La
erosión de los suelos arenosos de Semane minaba los rendimientos de las parcelas, privando a los niños del alimento básico necesario y amenazando con expulsar a las
familias de su tierra.

Pocas de ellas podían cultivar lo suficiente para alimentarse, y la mayoría de los campesinos tenía que vender su fuerza de trabajo en las plantaciones de café por
uno o dos dólares al día. Cada año, durante cuatro meses, muchas familias no tenían más que tortillas con sal
para comer. De esta forma habían sobrevivido Gregorio,
Cándida, sus ocho hijos y un nieto. Alrededor de 1988,
la familia Vásquez estaba a punto de rendirse, lista para
buscar otro pedazo de montaña donde rozar y quemar y
sembrar su maíz. Ese mismo año, el Cuerpo de Paz de
los Estados Unidos brindó asistencia a Semane y llevó a
un grupo de campesinos, entre ellos a Gregorio, a Loma
Linda. Cuando los agricultores concluyeron su capacitación, el Cuerpo de Paz dio seguimiento en la comunidad.

Cuando Loral llegó, la finca de Gregorio se había
convertido en un modelo: uno de los muchos satélites
repleto de tecnologías de la finca humana, con cosechas
de maíz mejoradas. El éxito le permitió a Gregorio darse
el lujo de no trabajar en la recolección de café. En su

lugar, él abría la finca una vez a la semana y enseñaba a querer y a cuidar el suelo. Si al principio los visitantes mostraban su escepticismo, éste desaparecía cuando miraban tallos de maíz de tres metros; la milpa tenía el doble de altura de las milpas locales en sus mejores años.

Loral construía su casa de adobe con la ayuda de sus vecinos. Mientras tanto, seguía hospedada en la casa de Gregorio. Cándida Vásquez, una mujer que nunca había visto un camino asfaltado, se convirtió en la mejor amiga de esta graduada universitaria de veinticuatro años de edad. Loral percibió que los campesinos de Semane dispuestos a correr riesgos, por lo general, contaban con esposas que los respaldaban mucho. La pequeña Cándida, poseedora de una cálida sonrisa, se había esforzado por los créditos que demostraban su lealtad. Sin ayuda, dio a luz a cinco de sus hijos, mientras, entre contracciones, alimentaba a los que ya tenía. Gregorio, por su lado, trabajaba el campo para velar por ellos. Cándida notó cómo las relaciones entre su esposo y familia cambiaban a medida que la tierra respondía al cuidado de Gregorio. Dos de sus hijos, Alejandro de diecisiete años y Mario de once, estaban siguiendo los pasos del padre. «Nuestro hogar se ha vuelto más feliz», le confió a Loral.

Gregorio, que recibió una capacitación en alfabetización durante tres meses, sirvió a la comunidad católica de Semane al asumir voluntariamente las lecturas de la Biblia como parte del movimiento laico local. Estudiaba la Biblia durante las noches, a la luz de la vela, repasando cuidadosamente los textos que leería. A finales de 1991, coordinaba la celebración de la palabra tres fines de semana al mes. Ese año, la familia Vásquez sentó un precedente en la comunidad al organizar una reunión en su casa para celebrar Navidad. Gregorio leyó y Cándida obsequió pan, café y tamales a sus setenta invitados. Al compartir, ellos cerraban el círculo de bienestar que habían alcanzado. Loral, criada en una familia atea, y que entró por primera vez a una iglesia a la edad de dieciocho años, llegó a identificarse con los servicios celebrados en Semane. «La gente se pregunta por qué muchos campesinos son tan religiosos», dice en tono meditativo. Su explicación era sencilla: «Es imposible negar lo divino cuando todo ello lo rodea a uno. Sólo se tiene que cruzar la puerta, y se está frente a la Creación». Del mismo modo, ella reconoció las señales.

También fue testigo de la discordia. El reto más grande de la agricultura en Semane era desarrollar una comunidad preocupada por sus integrantes. Los habitantes de la comunidad eran hermanos, hermanas, primos, parientes; sin embargo, no constituían una familia sustentadora. Las casas estaban lejos unas de otras, los celos y la desconfianza campeaban, y el alcoholismo prosperaba. Aparte del Movimiento de Delegados de la Palabra, no existía una tradición aparente alrededor de la cual construir metas comunes. De hecho, mucha gente que adquiría conocimiento sobre conservación de suelos escondía sus habilidades. «Ellos no quieren que otros tengan éxito», reconocía Loral. ¿Cuánto tiempo les tomará darse cuenta que el éxito de la comunidad es la mejor garantía para el éxito personal? ¿Cómo podía ella ayudarlos? Un día

Gregorio sugirió a la comunidad laica construir un local para las reuniones de la Iglesia; la propuesta conmocionó a sus oyentes. «Nosotros podemos hacerlo poco a poco», les dijo. Así retomaba los principios aprendidos en Loma Linda y los llevaba a la práctica: comenzar en pequeño, alcanzar la excelencia, compartir lo aprendido, crear bienestar personal y comunal, y usar la sabiduría de Dios. Pronto, otros miembros de la comunidad comenzaron a hablar sobre la construcción de una nueva escuela para complementar la existente, que llegaba sólo hasta sexto grado. Gregorio soñaba con una escuela secundaria para sus hijos y sabía que sólo un frente común podría hacer mella en las autoridades gubernamentales para instalar una escuela secundaria en el lugar.

Loral identificó otros problemas: muchos agricultores construían terrazas, acequias y barreras vivas para conservar su suelo, pero pocos emprendían acciones para mejorarlo. La fuente local de material orgánico era limitada. Después de trasladarse a su pequeña vivienda, se apresuró a sembrar maíz y frijol terciopelo para demostrar los efectos de los cultivos de cobertura. El frijol terciopelo se enredó por todas partes: alrededor y sobre los tallos de maíz. Tal caos asustó a los agricultores, cuyos padres y abuelos les habían enseñado que el buen maíz procedía de campos «limpios»: sin malezas, sin piedras. Loral, que conoció el trabajo de CIDICCO en la capacitación organizada por el Cuerpo de Paz, llamó a Milton Flores quien, con su proyector de diapositivas, se abrió paso por las montañas para hacer una presentación. Al conocer de la actividad, los maestros locales decidieron participar y los alumnos de sexto grado se unieron a los agricultores. Sin proponérselo, instruían a la próxima generación de agricultores de Semane. Milton conoció la finca de Gregorio y, además, invitó a un grupo de agricultores a El Jute a trabajar durante una semana con Roberto Zepeda. Después de la visita, los campesinos citaban a Milton, a Roberto y a Gregorio. Estaban listos para correr los riesgos del cambio.

Historias similares vivieron otros egresados de Loma Linda. Algunas veces las semillas que Elías sembró tardaron años en germinar, otras sólo semanas o meses. Florentino Santos Villeda, originario de La Crucita, una comunidad cerca de El Socorro, en el departamento de Comayagua, fue de rápida floración. Bastaron tres meses de capacitación auspiciada por Vecinos Mundiales en Loma Linda para que él tuviera una finca modelo en su comunidad. El bajo costo de las innovaciones en Loma Linda fue una gran motivación. «Me di cuenta que él había hecho la mayor parte [de su trabajo] sin dinero y que yo tenía todo lo que se necesitaba para hacer las mismas cosas en mi propia finca», expresó Florentino, quien contaba con tres generaciones de cabezas, manos y corazones: la finca de seis manzanas (4.2 hectáreas) de la familia Santos la daba en herencia el padre al hijo mayor. La tradición la inició el bisabuelo. Hoy, el abuelo Adán, de setenticuatro años, trabaja todavía en la finca con Florentino de cuarentaiuno y con Isaí de catorce años, el mayor de los cinco hijos de Florentino.

El trato rudo de Elías le disgustó a Florentino; pero valoró lo que vio y creyó en lo que oyó. «Era directo y pesado con todos. Saludaba estrechando la mano con cara seria... y comenzaba a hablar de higiene. Preguntaba a los hombres cuántas veces se cambiaban su ropa interior... Después le pedía a uno de los participantes que describiera a un cerdo... Él estaba tratando de que estableciéramos la relación entre los cerdos y nuestra higiene. Entonces él preguntaba qué tan seguido nos bañamos. Alguien dijo cuatro veces a la semana, y así cada quien decía un número... Pero un hombre se quedó callado, entonces Elías le pregunto: '¿y usted cuándo se baña?', y el hombre admitió con vergüenza: 'sólo en la estación seca'. Nosotros esperábamos un trato más cordial y mucha más cortesía...Yo estaba ofendido, pero después me enteré que él creyó que nosotros éramos agrónomos».

Florentino también se sintió inspirado. Al conocer Loma Linda supo que podía transformar su finca, y creía, como Elías lo había enfatizado, que la buena agricultura era una búsqueda espiritual y física. Como Loral y otros lo reconocían, aunque Elías no acertara a llevarse bien con alguien cuando quedaba atrapado en su doble estándar para campesinos y profesionales (¿sus estereotipos?), su programa de enseñanza parecía funcionar. Podía ser dolorosamente directo, pero la validez del método y la sinceridad de su compromiso prevalecían. En el segundo semestre de 1992, Vecinos Mundiales Honduras tuvo su reunión anual en El Socorro, Comayagua, y programó una visita a la finca de la familia Santos. Al pie de su ladera, Florentino

colocó un letrero de madera para dar la bienvenida y señalar un sendero con gradas recién construidas que serpen-
teaba a través de sus viejos campos de caña, plátanos y
maíz, a lo largo de 0.41 hectárea de terrazas hechas con
maestría. Un extensionista de Vecinos Mundiales lo había
acompañado cada martes, durante los últimos cuarenta
días, para ayudarlo a transformar su parcela.

La transformación física la comenzó construyendo
aboneras, esculpiendo las terrazas y labrando y enrique-
ciendo los surcos. Florentino era un artista que trabajaba
con la paleta de la naturaleza; aprovechaba al máximo los
regalos de la creación e ingeniaba formas para vivir con
sus demandas. Plantó maíz y cultivos de cobertura e hizo
acequias para recoger agua lluvia y forzarla a filtrar el suelo
en el que crecían sus plantas. Sembró tomates que descan-
saban sobre el maíz, donde recibirían los últimos rayos de
la luz del día; y soya para utilizarla como un ingrediente en
las nutritivas recetas que su esposa había aprendido de
Vecinos Mundiales. Entre sus líneas de hortalizas, sembró
caléndula, cuyo perfume repelía los insectos; y plantó franjas de sorgo, cuyos penachos sobrepasaban el maíz y man-
tenían a los pájaros lejos de los cultivos básicos. Después
de años de tratar de mantener a los depredadores fuera de
su finca, había ingeniado una forma de vivir con ellos. Alrededor de su casa, construyó un cerco fuerte y, junto a él,
sembró flores, las sonrisas del suelo.

«Mi finca demanda mucho más tiempo ahora. Pero
debido a su productividad, puedo pasar más tiempo en la
casa», admitió Florentino. Además, ya redujo el número

de días a la semana que destinaba para vender su fuerza de trabajo como ayudante de construcción. Pronto, quizá, pueda pagar los zapatos que sus hijos necesitan para ir a la escuela. Descalzos, ellos se acercan a la puerta del cerco para despedir a los visitantes. Al partir y sin proponérselo, el visitante Milton Flores acuñó una parábola de desarrollo comunitario.

Saliendo de la finca, el carro de Milton se atascó en el lodo. Había llovido todo el día y correntadas de agua se deslizaban por el inclinado sendero de tierra. Él se bajó del carro y colocó piedras detrás de las llantas; se subió de nuevo y aceleró; pero las llantas continuaban patinando. Una multitud de niños apareció para presenciar el espectáculo, y varios agricultores se hicieron presentes para ayudar. Los primeros tres hombres que llegaron, empujaron con toda su fuerza, mientras Milton, de nuevo, hundía el acelerador. El doble cabina se desplazó unos cuantos centímetros hacia adelante, sólo para atascarse más. Otro hombre se unió a los tres agricultores. Ellos se esforzaron al máximo, pero las llantas se hundieron otra vez. Lo intentaron de nuevo, acuñando con más piedras las llantas traseras. Otro agricultor se unió, y juntos los cinco lanzaron su peso contra el metal y la gravedad. Las llantas escupieron lodo y escombros y, finalmente, lograron sacarlo. Todos ellos aclamaron la hazaña y subieron a la parte trasera del carro, acompañando a Milton en su recorrido hasta una parte plana. Al trabajar juntos, aprender de los fracasos y experimentar nuevas soluciones, todos habían salido adelante. Si la finca de Florentino podía inspirar a otros a mejorar su parcela y sus condiciones, la comunidad, como un todo, podía avanzar. Pero los primeros en unirse al vagón tendrían que empujar.

Algunas de las personas que Elías inspira no viven en el campo sino en la ciudad, y aplican los principios de Loma Linda al desarrollo urbano. Equipado con un doctorado en Filosofía Política y Ética, de la Universidad Estatal de Florida (Florida State University), Ramón Romero, profesor de Filosofía en la Universidad Nacional Autónoma de Honduras, se ha convertido en un promotor urbano de la finca humana. Él estaba investigando sobre las tensiones entre el desarrollo y la ecología, cuando tomó la decisión de hacer ejercicios prácticos. Ramón manejó hasta Loma Linda para buscar instrucción sobre el cultivo de hortalizas. Elías, inmediatamente, lo invitó a unirse a un grupo de agricultores. Así, Ramón se inscribió en un exclusivo y práctico curso de Filosofía. El concepto de la agricultura orgánica armonizó con su emergente pensamiento: en una sociedad en crisis, la gente más «civilizada» no es aquella que explota al máximo, sino aquella que se preocupa al máximo por la Creación. «El crecimiento humano ha sido expresado en términos de posesión», dice Ramón. «El que lo tiene todo, es el mejor. Sin embargo, la finca humana desafía este pensamiento porque expresa el crecimiento humano en términos de la transformación que desarrolla las capacidades humanas y el potencial colectivo».

Ramón dejó Loma Linda prometiendo a sí mismo hacer algo, aunque fuera pequeño, para promover el trabajo de desarrollo que había encontrado en la finca. Su compromiso resultó contagioso: tan pronto llegó a casa, su familia se unió al trabajo con dedicación. La esposa de Ramón, una abogada, fue al mercado a recoger residuos de hortalizas y tuzas para una abonera. Sus cinco hijos trabajaron en la transformación de cuarenta llantas desechadas que recolectaron en talleres de reparación de autos. Posteriormente las trasladaron a Loma Linda. La casa de esta familia, con un cuarto agregado por aquí y un piso entero añadido por allá, contaba con un patio pequeño pero con una azotea grande. Arriba, sobre el atestado cuarto de estudio de Ramón y bajo las estrellas, germinaría un huerto urbano, su finca humana.

En semanas, los Romero estaban cultivando zanahorias, brócoli, coliflor y chile dulce; y habían sembrado maíz en el jardín. «Esta actividad ha adquirido más y más importancia para nosotros; es una terapia para la tensión; una actividad familiar; parte de nuestro compromiso con la sociedad y la creación. Además, comemos vegetales sin temor a los contaminantes», expresa Ramón. Si bien los vecinos no corrieron a seguir el ejemplo, los Romero han abierto las puertas de su casa y de su azotea a grupos de jóvenes urbanos interesados en el movimiento. Muchos de los descubrimientos ocurridos en esa azotea, se reflejan en las conferencia y artículos de Ramón. Y se propone, al igual que su maestro Elías, persistir e insistir en la difusión del mensaje.

Para las instituciones de gobierno y las agencias donantes, tal perseverancia era necesaria tanto para los agentes del desarrollo trabajando en una oficina, como para los agricultores en sus parcelas y comunidades. A finales de la década de 1980, la Organización de las Naciones Unidas para la Alimentación y la Agricultura (FAO), un donante internacional de importancia, comenzó a cuestionar el impacto de su ayuda alimentaria y de sus programas técnicos en América Latina y volvió a promover el desarrollo del productor. Carlos Zelaya, funcionario de la FAO en Honduras, organizó un curso intensivo en Loma Linda y en otros dos centros de enseñanza y aprendizaje; reunió cuatrocientos agricultores, líderes comunitarios, para una instrucción técnica e inspiración de dos días. Después, con la asistencia de Recursos Naturales, ellos regresaron a sus comunidades con la misión de replicar lo aprendido. «Es un enfoque relativamente nuevo para la FAO en Latinoamérica y El Caribe», dice Zelaya, rodeado de anaqueles repletos de reportes técnicos y carpetas llenas de información. «Nosotros necesitamos ganar la confianza de la gente, y no lo vamos a lograr por medio de las estadísticas». Cuando se le pregunta sobre los resultados del nuevo programa, Zelaya no muestra un reporte, sino dos fotografías tomadas en diferentes años. En una, un campesino, perteneciente al programa patrocinado por la FAO, aparece de pie entre malezas y próximo a un viejo cerco de palos. En la segunda foto, el mismo campesino, vistiendo la misma camiseta y en el mismo ángulo de la foto anterior, aparece empequeñecido por un campo de maíz.

Cuando la FAO busca evidencia de impacto a escala nacional, Zelaya hace referencia a las mejores condiciones de nutrición de muchos campesinos. «Esto no es un hecho aislado, se ha diseminado por todas partes». Dice que la FAO ha reunido evidencia, en la zona asistida por el Programa, que una mejor nutrición está contribuyendo a fortalecer el organismo de los niños para combatir las lombrices intestinales. Dice que «es como trabajar con un plato de Fetri, estamos creando la bacteria para una infección positiva».

Una persona así infectada fue Víctor Inocencio Peralta, a quien Zelaya llama el Pancho Villa[25] del departamento natal de don Elías, Choluteca. Víctor, uno de los líderes campesinos de mayor arrastre en la región, era de carácter violento, que portaba su sombrero con orgullo. De hecho, no se lo quitaba por nadie, incluso sostenía que no se lo quitaría ni ante el Presidente. Con su sombrero, se sentía hombre. Una de las primeras cosas que Elías hizo en su encuentro con Víctor, fue darle la bienvenida y quitarle el sombrero. «Eso es lo magnífico de la técnica de Elías. Da por sentado que la gente quiere quitarse su sombrero, que quiere bañarse. Inspira a la gente a hacer cosas, dando por sentado que las quieren hacer», dice Zelaya. Al final del curso, Víctor se había bajado de su caballo y volvió al trabajo. Zelaya agrega: «Era un gran líder, pero decidió convertirse en un líder de diferente tipo: en uno que produce».

---

25 Pancho Villa (1878-1923), nombre original de Doroteo Arango, mexicano que se convirtió en héroe popular al luchar por la reforma social en su país.

Zelaya cuenta que la FAO ha visto algo más en el plato de Petri; observa una multiplicación mundial de los gérmenes que propaga la finca humana: «Los Elías Sánchez están emergiendo por toda América Latina. Surgen como una respuesta natural a los problemas de la agricultura, y no es un fenómeno exclusivo de América Latina pues existen Elías en África y Asia. Son capacitadores que se han preparado mediante el estudio para llevar al campo tres elementos esenciales: pensamiento, acción y compromiso.

Incluso la USAID, el mayor donante bilateral para el desarrollo en Honduras, estaba tratando de reflejar estos elementos en su enfoque sobre la conservación de suelos de los años 1990. El Proyecto Mejoramiento del Uso y Productividad de la Tierra (LUPE) de la USAID, planificado para operar entre 1990 y 1998, se proponía llegar a cincuenta mil familias a través de la creación de unas noventa agencias locales de servicios de extensión, que estimularían el cambio mediante atención individualizada a los agricultores. La estrategia planteada tomaba distancia del enfoque histórico de la USAID, que se había centrado en la difusión de nuevas tecnologías. Existía bastante evidencia de que el cambio así producido era insostenible. Cuando los programas retiraban los insumos, a menudo, las innovaciones agrícolas llegaban a su fin.

En 1982, por ejemplo, la USAID lanzó su primer gran proyecto de conservación de suelos basado en los agricultores: el Proyecto Manejo de Cuencas otorgaba subsidios a los agricultores de las laderas, bajo la modalidad de alimentos por trabajo, para introducir las tecnologías de conservación de suelos en sus parcelas. El proyecto, que buscaba detener la erosión, puso énfasis en estructuras físicas como barreras de piedra y zanjas. Un contratista de la USAID, familiarizado con el proyecto, comentó que «una vez que los subsidios se retiraban, las estructuras tendían a deteriorarse con bastante rapidez».

En 1989, en un esfuerzo por aprender de los errores, la USAID fundó el proyecto LUPE que tendría una duración de ocho años y funcionaría con un presupuesto de 50 millones de dólares. LUPE cubría una extensión mayor y, sumado a las tecnologías de conservación de suelos, incorporaba técnicas de mejoramiento de la productividad agrícola como abonos verdes, compost, repelentes naturales y huertos familiares. No ofrecía subsidios a los agricultores que participaban en la capacitación y adoptaban los métodos agrícolas sugeridos; ofrecía solamente la posibilidad de mejores cosechas.

Lamentablemente, los problemas engendrados por las fallas del predecesor del proyecto LUPE eran enormes: el Proyecto Manejo de Cuencas heredó veintiséis de sus agencias locales de extensión al Proyecto LUPE. El contratista resumía:

> Desafortunadamente, el modelo de alimentos por trabajo contaminó no sólo a los agricultores, sino también a los extensionistas con una mentalidad bastante improductiva... Los extensionistas se acostumbraron a no tener que vender tecnologías. Se acostumbraron

al papel de Santa Claus. Muchas de estas personas
trabajan para LUPE; son buena gente, pero les está
tomando bastante tiempo deshacerse de la vieja mentalidad.

Los directores de LUPE empezaron a darse cuenta
de que uno de los aspectos más importante de su trabajo
era convencer a los agricultores de la necesidad del cambio, venderles sus propias habilidades y no sólo tecnologías. Muchos afirman que Elías deseaba hacerse cargo
del Proyecto y transformarlo. Por ahora, LUPE estaba
tratando de superar sus antecedentes, esforzándose para
concretar las posibilidades de éxito del proyecto y pasar
la prueba ante el jurado del pueblo.

Por ahora, este tribunal tenía sus ojos puestos en el
cambio que emanaba lentamente de la base, tanto de
Loma Linda como de otras organizaciones. En 1992, la
comunidad de ONG en Honduras había saltado a la escena, cabildeando y ganándole al gobierno batallas políticas
importantes. En la puerta de la tranquila oficina de Milton Flores cuelga una granada de mano que ayudó a des-
encadenar una explosión a la ancho y largo del país: una
pequeña bellota de pino. El artefacto representa el poder
de un movimiento sin precedente, alimentado por grupos
ecologistas que alcanzó su punto más álgido en febrero
de 1992. Por ese tiempo, miles de manifestantes, portan-
do una bellota, se las arreglaron para clausurar las operaciones en el país de una multinacional de la madera que
había pactado con el Gobierno una concesión de cuaren-

ta años para talar los bosques de pino de La Mosquitia hondureña[26]. Fue la primera victoria de este tipo de la comunidad conservacionista. La historia se contaba en los corredores de oficinas gubernamentales, en las calles y en las ondas de radio. Su proceder demostró que los campesinos, indígenas, ambientalistas y otros grupos marginados habían aprendido a manejar una nueva y poderosa arma: la opinión pública.

Algunos sostienen que la historia de la corporación Stone Container en Honduras comienza a inicios de siglo, con patrones de inversión extranjera directa y los viejos negocios establecidos por magnates del banano como Sam Zemurray[27]. Pero nuestra resumida historia comienza con un artículo en el periódico *La Tribuna* del 25 de septiembre de 1991:

---

26   La Mosquitia es la región de la Costa Atlántica que se extiende entre Honduras y Nicaragua y es habitada por pueblos indígenas y ladinos que viven de la caza, la recolección, la pesca y la agricultura. En Honduras, La Mosquitia se ubica en los departamentos de Gracias a Dios, Colón y Olancho; tiene una población aproximada de 40 mil habitantes. Es considerada una de las regiones menos privilegiadas en cuanto a servicios y esfuerzos de desarrollo gubernamental. *MOPAWI Biannual Report*, 1990-1991 (Tegucigalpa: CADERH), p.3.

27   Editorial, «La contrata con la Stone Container y su no aprobación en el Congreso Nacional», *Tiempo* (San Pedro Sula), 26 de diciembre de 1991, p.6.

El gobierno de Honduras y la compañía norteamericana Stone Container firmaron un acuerdo para desarrollar un millón de hectáreas de bosque en los departamentos de Gracias a Dios, Colón, Olancho y Yoro,
con el fin de producir y exportar piezas de madera
hacia los Estados Unidos y otros países.

El artículo también mencionaba que la actividad ge-
neraría más de tres mil puestos de trabajo y que, en un
período de tres años, podía duplicar los ingresos de las
exportaciones hondureñas generados por los productos
del bosque, si éstos se manejaban a través de un programa de cultivo selectivo, reforestación y aforestación.
Además, afirmaba que la Stone Container, con sede en
Chicago, no competiría con las empresas de productos
forestales de Honduras. Más bien aprovecharía los residuos y crearía un mercado para la pulpa. Los hondureños no se lo creyeron, e hicieron pública su posición.

El Colegio de Ingenieros Forestales abrió fuego al
denunciar la ilegalidad del acuerdo. En una carta a *La
Tribuna* (7 de octubre de 1991), los ingenieros forestales
inferían que negociaciones oscuras de alto nivel estaban
comercializando los recursos naturales bajo formas que,
hacía tiempo, la Corporación Hondureña de Desarrollo
Forestal (COHDEFOR) había abolido. La comunidad de
La Mosquitia y miembros de los pueblos indígenas que
habitan entre los bosques de pino de Gracias a Dios y
Olancho, respondieron. Ellos consideraban que habría
beneficios económicos en la negociación y querían su

parte. En un pronunciamiento de media página publicado en *Tiempo* (22 de octubre de 1991), la gente de La Mosquitia respaldaba la decisión del gobierno y solicitaba ser parte de la negociación y ejecución del contrato y de la supervisión de ia actividad.

A finales de octubre, con el respaldo de los medios de comunicación, ambientalistas nacionales e internacionales denunciaron el acuerdo y se rebelaron, mientras la Stone Container se esforzaba por mejorar su imagen pública. En la primera plana del semanario publicado en inglés *Honduras This Week*, los voceros de la compañía daban a conocer las medidas ambientales a ejecutar: no se haría una tala indiscriminada, no ingresaría equipo pesado o personal numeroso, no se construirían caminos pavimentados o ripiados. Pero ellos reconocían que la compañía no había realizado el estudio de impacto ambiental en la zona.

La Stone Container invitó a un equipo de reporteros y ecologistas a visitar el sitio que sería intervenido. Además, movilizó a varios de ellos para que observaran sus operaciones en los Estados Unidos, donde la firma tenía contratos con propietarios de tierra que la facultaban a manejar los bosques a cambio de los derechos para aprovechar los árboles maderables. La compañía afirmaba que quería hacer lo mismo en Honduras, «dar a la gente local la oportunidad de aprovechar el bosque» y crear su propia riqueza[28].

---

28 «Stone says project will benefit people, environment,» *Honduras This Week* (Tegucigalpa) 2 de noviembre de 1991, p. 1. Entrevista con Mark Lindley, director de relaciones corporativas, Stone Container Corp., Chicago, 28 de junio de 1994.

Pero los medios de comunicación no estaban convencidos y un locutor de una radio local hizo un llamado a los manifestantes para que llevaran con ellos «granadas de paz», pequeñas bellotas de pino. Prácticamente de la noche a la mañana, miles de ciudadanos colocaron bellotas en sus carros o las colgaron en sus cuellos. Un severo editorial de *Tiempo* acusaba al gobierno y a la Stone Container de embaucar a los indígenas y a los campesinos al hacerles creer que podrían ganar dinero fácil mediante la venta de sus recursos naturales, su tierra y sus medios de subsistencia. *Tiempo* preguntaba, ¿tenían los pueblos indígenas de La Mosquitia derechos sobre los bosques? ¿No eran los bosques, de hecho, un bien público?

Las preguntas sobre quién manipulaba a quién en nombre del «desarrollo» y cuáles eran los intereses y derechos de campesinos e indígenas, la importancia de la flora y fauna, fueron tema de conversación en la mesa de los hogares promedio tegucigalpenses, dando paso a un debate nacional sobre grupos y regiones que, a menudo, no se miraban y no se pensaba en ellos. La llegada al país, en febrero de 1992, de la nueva asesora en temas ambientales de la USAID, coincidió con el punto máximo de protesta pública contra la Stone Container. «El tema estaba, todos los días, en la primera plana de los cuatro periódicos nacionales», dice una forestal de Carolina del Norte, llamada Margaret Harritt, que asumió su puesto en la AID, el 17 de febrero de 1992. «Había demostraciones por lo menos una vez a la semana, algunas veces dos por semana. Ellos bloqueaban las calles. Existía una presión pública impresionante»[29].

El descontento se expresaba mediante grafitis, manifestaciones y discursos públicos. Los pobladores de La Mosquitia querían participación; los ambientalistas querían preservación; los forestales un debido proceso; los contribuyentes políticas transparentes; y, al final, los negociadores querían estar fuera. El 27 de febrero, el gobierno anunció que las negociaciones con la Stone Container se suspendían por «razones técnicas» y por «el interés público»[30]. Los ambientalistas declararon la victoria y los cazadores, recolectores, agricultores y pescadores de La Mosquitia regresaron al trabajo con un perfil alto y decididos a hacer valer sus derechos sobre los bosques en futuras batallas. Acompañándolos estaba un hombre experimentado en empoderar a las personas y a las comunidades: Wilmer Dagen, el antiguo socio de Elías Sánchez.

---

29   Entrevista con Margaret Harritt, asesora en temas ambientales, USAID/Honduras, Tegucigalpa, 30 de septiembre de 1992.

30   «Stone Agreement Canceled», *Honduras This Week* (Tegucigalpa), 29 de febrero de 1992, p.1. En una entrevista realizada en junio de 1994, el vocero de la corporación Stone Container, Mark Lindley, dijo que la firma no tenía planes de regresar a La Mosquitia, pero que seguía considerando que era un área de Honduras que prometía mucho. «El programa tiene mucha validez para esa parte del país... hay tan poco empleo y la gente está rozando y quemando».

Sonia, Fernando y Juanita Andrade, con su frondoso maíz en Linaca.

9
La Finca Humana

Las organizaciones internacionales deberían servir de
fermento, deberían apoyar el crecimiento de los esfuerzos
nacionales... «bujías» son los únicos especialistas
que necesitamos en el campo del desarrollo.
Don José Elías Sánchez

Afuera de la casa de los Andrade, el aire es pesado y el
cielo está oscuro y cargado de nubarrones. Adentro, en la
cocina, Sonia está limpiando el enorme fregadero de madera y Juanita, que ha terminado sus tareas escolares, cuida la
niña de Nora Cristina, Jili Michele. Es un domingo típico,
y las responsabilidades parecen livianas cuando los miembros de la familia atienden sus quehaceres. Los Andrade
cumplieron dos años de haber regresado de Minas de Oro,
y Fernando ha incrementado sus tecnologías. Se siente particularmente orgulloso de su último invento, una caja de
madera colocada a cierta altura, llena de suelo que sirve
como criadero de lombrices para el huerto. La mente de
Vilma está puesta en su proyecto comercial más reciente.
Con los ingresos del cultivo de ajo, ahorró lo suficiente para
comprar una vaquilla, y ahora su vaca está parida. La familia obtiene leche fresca todos los días, y Vilma está ahorran-
do para comprar otra vaca y así aumentar la producción
para vender mantequilla y queso.

La sala ha cambiado mucho desde los días cuando Fernando acostumbraba combatir la erosión del suelo mediante la roza y la quema de más bosque. Es alegre, está adornada con papel crepé amarillo y verde y con la fotografía de una anónima novia norteamericana. En uno de los lados descansa una catedral hecha manualmente de cartulina. En el centro del cuarto, un sofá y unas sillas de pana rodean un televisor a color. Volcanes de frijoles rojos y negros permanecen apilados en las esquinas sobre el nuevo piso embaldosado, listos para la siembra de primera. Sin embargo, el primer amor de Fernando sigue siendo el maíz. Por eso, a pesar de los presagios de un aguacero, él ascenderá su ladera para observar su progreso.

En el camino cubierto de grava y a través de una corriente acrecentada, Fernando, con capote y sombrero, camina chapoteando. Una campesina pasa junto a él, a toda prisa, de regreso al pueblo, sosteniendo con fuerza su sombrero de paja; dos niños con sombrillas trotan detrás. Es esa clase de día que obliga a salir temprano de las parcelas. Pero Fernando sigue su marcha. En la cima de la loma se detiene para mirar hacia el valle, hacia las casas de adobe encalado donde Vilma nació. Su familia ya no vive allí, y la única actividad que observa es la de los caballos y bueyes pastando detrás de un lirio. Desde la loma, un estrecho sendero de piedra asciende por una inclinada ladera hacia unos pastizales y bosque de pino que marcan el inicio de la finca de los Andrade. Aquí, Fernando abandona el sendero y continúa su camino a través de matorrales, árboles y un río que fluye con rapidez. Finalmente llega al pie de su ladera cultivada. Una vez, un visitante le preguntó que por qué no araba sus campos más cerca del camino. Él contestó: «Sabe usted que eso mismo le pregunté a mi padre». Mientras contempla sus terrazas de maíz y frijoles y cebolla, siente las primeras gotas de lluvia en sus manos curtidas por la intemperie.

Es seguro que una tormenta se avecina. Fernando comienza a ascender las inclinadas faldas, hacia un rancho y su promesa de abrigo. Trepa por un muro de piedra, pasa las aboneras hechas con los residuos de los cultivos de cobertura y las hojas recogidas del suelo. La tierra se torna resbaladiza; Fernando se escapa de caer, pero recupera el equilibrio y llega a la pequeña casa, ubicada a mitad de camino. La lluvia cae con persistencia y se estrella contra las láminas del techo. El relampagueo invade el cielo con truenos. No es la primera vez que Fernando se protege de una tormenta, y, como siempre, la humedad hace que el recuerdo de viejas heridas se reavive: la cicatriz en su pierna que se hizo cuando se deslizó con su machete mientras limpiaba los campos; la parte de su espalda golpeada por un tronco; y la línea de puntos sobre su muñeca, cuando estuvo a punto de perder la mano. Fernando se ha sacrificado por su suelo, lo ha regado con su sudor y su sangre; y el suelo lo ha recompensado con sus frutos. Pero existe otra herida, abierta hondo a su regreso de Minas de Oro, que todavía supura.

Los trabajos en la finca humana demandan cantidades enormes de tiempo. Por un rato, Edilberto Andrade disfrutó el sacrificio y obtuvo el fruto de su trabajo, tanto en la parcela como en la familia. Cuando aprovechó la oportunidad de un trabajo asalariado con el proyecto LUPE, quizá Edilberto la consideró también una oportunidad para diseminar el conocimiento que poseía. Cualquiera que haya sido el motivo, un decaimiento constante en la salud de su finca lo acompañó en su nuevo trabajo. Después que se unió a LUPE para capacitar a otros, la basura se acumuló en su patio y los rendimientos del maíz se redujeron. El problema se pudo haber originado por el bajo estado de ánimo en el proyecto LUPE que, a pesar de sus altas expectativas, enfrentaba una batalla cuesta arriba tratando de que agricultores, acostumbrados a recibir donaciones, adoptaran nuevos métodos sin tener que regalarles a cambio la semilla o el fertilizante.

Cuando Fernando se dio cuenta del estado de la finca de Edilberto, sintió una tristeza profunda. Fernando pensó que si los extensionistas de LUPE querían convencer a otros, debían dedicar tiempo para conservar y mejorar los suelos de sus fincas. ¿No es ésa la esencia del «buen desarrollo»? ¿Mostrar haciendo? ¿Manejar la finca, los recursos en una forma que tenga sentido y produzca más alimento para la familia? ¿Orgullo para el agricultor? ¿Honor para la Creación? Fernando, con su sombrero bajo la lluvia, piensa en la magra cosecha de Edilberto; él sufre y espera y ama a su hermano.

Fernando está convencido de que el amor y la confianza residen en el corazón del buen desarrollo, alimentando la habilidad para el cambio. El buen desarrollo consiste en amar la tierra, la familia, la comunidad; sentirse seguro por el deseo de adquirir más conocimiento; ser propulsado por la confianza en ese conocimiento para emprender nuevas acciones. Mostrar tal sentimiento, en su forma de ser sincera, imperfecta, fue el regalo más grande que Elías dio a Fernando. Hoy Fernando cree que, por medio de la gracia de Dios, él ha desarrollado su propia reserva para velar por otros y pensar por sí mismo.

Mientras la lluvia disminuye, retoma el camino a casa, luciendo su última tecnología: una bolsa plástica sobre su sombrero. Vuelve sobre sus pasos dejando atrás la casa donde Vilma pasó su infancia. Regresa donde Vilma, sus hijas y al papel crepé amarillo que hace de cada día una fiesta. Piensa en el futuro de su suelo y espera que Sonia y Juanita se casen con un agricultor. Quizá, medita, sus hijas puedan aprender a cultivar el suelo. Entonces, se encoge de hombros: ellas harán su elección. Él debe confiar.

En Loma Linda, Elías también admite su necesidad de confiar, de crecer en amor y de sanar las viejas heridas. Después de separarse legalmente de ACORDE, Vecinos Mundiales pasó a ser dirigida por Miriam Dagen, la esposa de Wilmer Dagen. Con ella, las relaciones entre Loma Linda y Vecinos Mundiales se renovaron y se reanudó una fructífera colaboración. En 1992, cada organización funcionaba con autonomía y pactaba con claridad sus responsabilidades en empresas conjuntas. Desprenderse de la tutela de Elías y asumir un estatus jurídico propio en Honduras, constituyó un desarrollo organizativo necesario para Vecinos Mundiales. Hoy, cada organización tiene su propio espacio para echar raíces nuevas y para esparcir las semillas del cambio. La clave para nutrir el buen desarrollo consiste en saber cuándo fomentar crecimiento, cuándo trasplantar y cuándo podar; sin embargo, ese conocimiento, a menudo, sólo se adquiere a través de la dura experiencia.

Su experiencia en el extranjero le permitió a Cándida Osorio reconocer un sendero para su desarrollo personal en Honduras. Después de seis meses en Estados Unidos, decidió renovar viejos lazos bajo nuevos términos. Para satisfacción de Elías, regresó al país y a Loma Linda. No regresó como empleada sino como socia en la empresa; y se mudó al complejo de habitaciones recién construidas en Loma Linda. Despacio, su relación profesional comenzó a florecer en algo más profundo, algo frágil que provocaba una gran melancolía en Elías y le proporcionaba un motivo para suavizarse.

En la casa de los Flores, Aarón progresaba en sus estudios y Mauricio, demasiado pequeño para ir a la escuela, aprendió a leer por su cuenta. El interés en CIDI-CCO crecía y alentaba el cambio en Honduras y en el exterior. Esto mantenía a Milton y a su equipo de cuatro miembros, viajando, hablando y plantando semillas. Margaret Harrit, en su nuevo trabajo con la AID, constató el florecimiento de las ONG: cuando ACORDE nació, había pocas organizaciones; sin embargo, veinte años después existían unas cuatrocientas, y muchas combinaban la misión de desarrollar la persona con la de proteger los recursos naturales. Las ONG, agrupadas en la Federación de Organizaciones Privadas de Desarrollo de Honduras, FOPRIDEH, y la Agenda Ambiental hondureña de 1992, reconocieron a Loma Linda y a Vecinos Mundiales como las pioneras del desarrollo agrícola.

Por ese tiempo, una de las demostraciones más dramáticas de desarrollo de base surgió de los bosques de La Mosquitia. Una fuerza silenciosa que impulsó su evolución provenía del antiguo socio de Elías, Wilmer Dagen. Alrededor de 1981, Miriam y Wilmer, después de haber trabajado con Vecinos Mundiales en Filipinas durante cuatro años, regresaron a Honduras para trasladarse a una de las regiones menos favorecidas del país. Con la guerra rugiendo al otro lado de la frontera con Nicaragua, La Mosquitia albergaba no sólo a los grupos indígenas hondureños, sino también a miles de refugiados nicaragüenses. A la par de las operaciones de asistencia patrocinadas por World Relief, una corporación con sede en Wheaton, Illinois, Wilmer comenzó a impulsar un programa de desarrollo. Miriam, que había completado sus estudios en la escuela de Medicina de Filipinas, se unió al servicio de salud rural. Fue evidente para World Relief y para Wilmer que las poblaciones indígenas hondureñas de La Mosquitia eran refugiadas virtuales, sin la asistencia de las instituciones nacionales y prácticamente sin voz en las políticas de su país. Para favorecer a estas poblaciones, incorporaron al programa de asistencia de los nicaragüenses un componente de desarrollo. Con el tiempo, los indígenas de La Mosquitia hondureña tuvieron una opción mejor: con respaldo de World Relief y otros donantes, y en sociedad con un misquito lla-

mado Osvaldo Munguía, Wilmer apoyó a la gente de La
Mosquitia en la fundación su propia ONG. Así nació Mosquitia Pajiza (Desarrollo de la Mosquitia) o MOPAWI.
Diez años después, con la Stone Container y con los ojos
y los oídos del país puestos en la región, MOPAWI saltó
a la luz pública para defender los derechos del pueblo
indígena sobre la tierra donde cazaban, pescaban y cultivaban.

Las pruebas que respaldaban sus derechos las presentaron siete meses después de la anulación del acuerdo con la Stone Container y varias semanas antes del
aniversario de los 500 años de haber descubierto a Cris-
tóbal Colón en costas indígenas. En un congreso de dos
días celebrado en Tegucigalpa, representantes de los cuatro pueblos indígenas de La Mosquitia: misquitos, pech,
garífunas y tawahka, a los que se sumaron ladinos nativos, presentaron, ante más de doscientas personas: políticos, burócratas y miembros de organizaciones de desarrollo, un mapa concienzudamente elaborado del uso de
la tierra... Indicaba los nombres ancestrales y usos de
ríos, bosques, colinas y valles; tierra identificada en la
cartografía gubernamental como «sin explotar», aparecía
destinada al servicio de una población indígena que cultivaba recursos renovables y lo había hecho así por si-
glos.

Los indígenas utilizaron la reunión para proponer soluciones sobre aspectos sensibles como tenencia de la tierra,
desarrollo socioeconómico, conservación y manejo de recursos naturales. Aprovecharon la ventaja de contar con

una audiencia de alto nivel para demandar mayor asistencia social y un alto a la violación de los derechos humanos
perpetrada por los militares destacados en la región[31]. Por
su parte, instancias gubernamentales claves, incluyendo el
ejército, mantuvieron la asistencia de sus representantes
durante toda la reunión. El evento, realzado con canciones
misquitas, guitarras y el palpitar de tambores, fue un salto
significativo de los tímidos nativos de los bosques coste-
ros de Honduras para ponerse de pie y ser tomados en
cuenta. «Probablemente es el evento de mayor trascen-
dencia en la historia del desarrollo de La Mosquitia en los
últimos 20 ó 30 años», dijo Andrew Leake, uno de los dos
expertos internacionales que ayudaron a organizar el proyecto del mapa[32]. «Es la primera vez que esta gente ha
sido realmente incluida en el mapa»[33].

---

31   Eric Schwimmer, «Land use map presented in congress seeks to
affirm Indian rights in the Mosquitia», *Honduras this Week*, Tegucigalpa, 26 de septiembre de 1992, p. 1.

32   El geógrafo cultural Peter H. Herlihy de la Southeastern Louisiana University, y el cooperante británico Andrew Leake, elabora-
ron el mapa junto con veintiún investigadores locales, proceden-
tes de veintidós centros poblacionales indígenas en La Mosquitia. MOPAWI y MASTA, un grupo de defensa de La Mosquitia,
organizaron el proyecto que fue financiado por Cultural Survival
y la Fundación Interamericana. El congreso se llevó a cabo en el
hotel Plaza San Martín de Tegucigalpa, los días 22 y 23 de septiembre de 1992.

33   Schwimmer, «Mapa de uso de la tierra», p. 4.

El evento animó a otros grupos hondureños en su lucha por incidir sobre las decisiones que afectan su futuro, y reavivó el interés de las instituciones internacionales por ayudar a los hondureños a ayudarse a sí mismos. MOPAWI, si bien operaba en otra esfera y por una causa diferente a la de Loma Linda, estaba compartiendo su aprendizaje y creando la clase de satisfacción personal y comunal promovida por la finca humana.

Diez días después de la presentación de MOPAWI, la Escuela Agrícola Panamericana tenía a su infantería reunida alrededor de la mesa del comedor de Granja Loma Linda. Un instructor de la clase de Desarrollo Rural, Ernesto Palacios, había traído con él dos agrónomas Zamorano y catorce campesinos adolescentes de las comunidades incluidas en el Programa de Extensión Rural de la Escuela. Después de recorrer la finca y de compartir historias y poemas, Elías pone a prueba el pensamiento de los jóvenes.

«¿Cómo identifican ustedes las necesidades de la gente?», les pregunta. En nombre del grupo, Ernesto invoca varios modelos analíticos. Elías espera más repuestas.

Una zamorano, Patricia Cruz, comienza a hablar. «Conocí a una familia en una comunidad, y pude ver que tenían un problema de nutrición. Ellos podían cultivar bien, pero los niños necesitaban leche y vitaminas, por lo tanto nosotros les proporcionamos una cabra».

Varios de los jóvenes campesinos agregaron que ellos comenzaron a interesarse en la identificación de las necesidades de su propia finca a través del trabajo de las ONG en sus comunidades.

«¿Entonces, cómo identificarían ustedes mis necesidades aquí en Loma Linda?», pregunta Elías.

«Usted depende de la gallinaza para ayudar a su suelo, pero no produce suficiente para la finca. Usted está dependiendo de personas de fuera. Quizá podría tener más animales», sugiere un muchacho.

Una campesina joven pregunta, «¿qué le parece almacenar agua del río para la temporada seca?».

Todavía otro pregunta, «¿por qué no abre una tienda pequeña con productos de la finca?».

Los adolescentes lucen complacidos con sus ideas, y Elías, firmemente convencido de que tiene buenas razones para comprar en lugar de producir su gallinaza, se muerde la lengua en aras de animar la lluvia de ideas. Cuando las ideas de los pupilos se agotaron, el maestro les pregunta adónde irá toda la información que ellos han obtenido ese día.

«A nuestros cerebros», dice un estudiante.

«¿A dónde más?», pregunta Elías para luego contestar: «a sus corazones». Y concluye con el siguiente pensamiento: «Sólo recuerden que el desarrollo del mundo tiene precio: tranquilidad, naturaleza, seguridad, la contaminación de su agua, sus oídos, sus ojos. Nosotros no pagamos con dinero; pagamos con nuestras almas».

Un adolescente de la comunidad próxima a Linaca expresa que existen siete agencias de ayuda, incluidas LUPE y Zamorano, trabajando en su pueblo de 180 familias y que los campesinos se han vuelto consumidores astutos. «Antes de decidir su participación, la gente sólo espera para ver quién le ofrecerá el mejor paquete».

Se hace un silencio. Un campesino, un ex alumno que ha llegado de visita a la finca, aclara su garganta, se para y habla: «No se preocupen por la gallinaza. Ustedes podrían tener otro material. No se preocupen por las agencias. Ustedes tienen todo lo que necesitan, si lo utilizaran».

Con eso, la sesión finaliza. Las dos zamoranos, Patricia Cruz y Laura Suazo, se detienen para platicar con Elías. Ambas tienen veinticinco años y han finalizado la rigurosa carrera de ingeniería en Agronomía, con énfasis en desarrollo rural. Ahora ellas se han unido, en calidad de extensionistas, al programa de desarrollo rural de Zamorano. Patricia expresa: «Me uní porque quería ser útil. Para mí es importante comenzar en alguna parte, y asegurarse de no repetir los esfuerzos de otros». Patricia y Laura vienen de la minoría de Zamorano que ha escogido trabajar en el sector del desarrollo, pero es una minoría creciente con una voz importante. Experimentados directores de ONG —Catholic Relief Service, Vecinos Mundiales, CARE, CIDICCO— son egresados de Zamorano.

¿Cuál es el futuro de la finca humana más allá de Loma Linda y de Elías?[34]. En verdad, dependerá de más cabe-

---

34 ¿Qué sucederá con Loma Linda después de don Elías? ¿Cómo se pasa de un programa de desarrollo bueno a uno sostenible? Para una discusión sobre el futuro de Loma Linda y las estrategias para construir instituciones que fomentan el desarrollo, ver anexo 2.

zas, corazones y manos. Muchos ya se han comprometido con la causa en y más allá de Honduras. Veamos algunas de las fotografías que Elías conserva como tesoros: Éste es Ismael Vargas, uno de sus socios originales en el desarrollo de Loma Linda. Lleva puesta una camisa a cuadros y pantalones de mezclilla blancos, y está inclinado sobre una línea de camotes que crecen en su propio centro de enseñanza en El Zopilote, Olancho. A la par de él, de camisa roja y con el sombrero en la mano, está un peruano que ha venido a conocer la finca humana. Aquí está Salomón Mejía que conduce un centro de enseñanza en Santa Rosa de Copán, cerca de la frontera guatemalteca. Y éste es Abel Ortiz, otro ex alumno, tocando guitarra entre plantas de rollizos tomates y recostado en una terraza bien esculpida. Ésta es Cándida horneando en una estufa solar, y aquí aparece lavando platos cerca del río. Y éstos son grupos de alumnos de Lempira, Choluteca, Olancho, Comayagua, Copán, El Paraíso e Intibucá, posando con sus azadones y con expresiones serias. También está un grupo de visitantes norteamericanos, todos sonrientes, con sus cámaras colgando de sus cuellos. La última, una de las fotos preferidas de Elías: dos burros rascando mutuamente sus lomos.

En Loma Linda, el domingo es un día dedicado por entero al ocio, a la relajación y a la meditación; en pocas palabras, al descanso. Con la partida de los zamoranos, Elías y Cándida pueden caminar por la finca, recibir a los amigos y escuchar la música de Charlie Pride que don Elías conserva desde sus días en Nuevo México. Ese domingo es especial porque la familia Flores, por primera vez sin

Andrea, visitará Loma Linda. Cándida, en su bonito vestido azul, se asegura que las mascotas de la finca estén en su árbol, listas para saludar a los niños. Elías trae sus cintas y su vieja grabadora. Las llantas agitan el sendero de tierra, una puerta golpea, la grava cruje por la carrera que han emprendido Aarón y Mauricio para saludar a dos loros bulliciosos. «Bienvenidos», dice Elías, con una mirada llena de amor. «Bienvenidos», dice Cándida, cargando una bandeja con pan recién hecho. Milton, Miriam, Elías y Cándida se abrazan junto al río Chiquito; permanecen de pie, hablan y ríen. Junto a ellos los niños juegan y el río susurra un canto que llega directo al corazón.

ANEXO 1

Del pensamiento de don José Elías Sánchez

SOBRE LA CONDICIÓN HUMANA

- La miseria humana no es la falta de dinero; es no saber quién es uno... La insatisfacción es el comienzo del cambio.
- La frase «gente pobre» es una expresión sumamente ofensiva. Debería sustituirse por la frase «gente sin visión para aprovechar las oportunidades».
- Es imposible sembrar ideas de superioridad en el cerebro de una persona con el estómago vacío.
- Cometer un error no es error, pero cometer uno y no admitirlo —ése sí es un error.
- ¿Por qué soy tan duro? Porque conozco a mi gente. Pero soy duro con cariño.
- El cuerpo humano tiene tres partes: El cerebro es la computadora; las manos ejecutan las órdenes, y el corazón autoriza las acciones, ya sea con amor o con odio; lo demás es relleno.

SOBRE DESARROLLO AGRÍCOLA

- Si la mente de un campesino es un desierto, su finca se verá como un desierto.

- La «transferencia de tecnología» es un concepto ofensivo; debemos transformar no transferir.
- La finca humana produce, la finca física reproduce; en cualquiera de los casos, la creación existe primero en la mente del arquitecto.
- Cuando comencé a visitar a los campesinos en sus parcelas, muchos me preguntaban: «¿Por qué nos está ayudando?» Yo contestaba que era un buen negocio, pues me gustaba estar rodeado de gente educada y no de ignorantes.
- Observar el cambio en las personas es una cosecha, ver a un hombre vender su grano y obtener suficiente dinero para comprar una vaca, es también una cosecha, ¿cierto?
- Cuando algunos norteamericanos nos visitan y ven la miseria del país, se les ablanda el corazón y nos regalan cosas. Yo no regalo nada. ¿Por qué fracasa un campesino? Porque le han regalado insumos.
- El desarrollo es un proceso de desplazamiento. Las buenas ideas desplazan a las malas ideas. Nosotros no enseñamos, compartimos información en dos direcciones.
- Los agrónomos son una plaga.

SOBRE MOTIVACIÓN ESPIRITUAL

- Cristo no predicó una religión; predicó equidad, libertad, justicia y amor. Si no amamos al prójimo, nunca lo podremos ayudar.

- El desarrollo del mundo tiene precio; nosotros pagamos con nuestras almas.
- Cuando las personas comienzan a crecer, sólo Dios puede acompañarlas.
- Mi filosofía es simple: cuando muera, tendré todo el tiempo del mundo para descansar.

Sobre las lecciones de la Creación

- No hay que hacer alarde del éxito. No sea como la gallina, más bien sea como la pata que pone huevos grandes sin hacer bulla. Las gallinas, en cambio, hacen gran escándalo y ponen huevos pequeños.
- La naturaleza se regocija... Las flores son las sonrisas del suelo.
- Si usted quiere progresar, siéntese sobre un nido de hormigas bravas.

Sobre la ayuda para el desarrollo

- Las organizaciones internacionales deberían servir de fermento —deberían apoyar el crecimiento de los esfuerzos nacionales... «bujías» son los únicos especialistas que necesitamos en el campo del desarrollo.
- Cuando traigo funcionarios de la banca a Loma Linda, les hago ver la importancia de apoyar la educación preguntándoles, ¿cuánta gente ignorante, piensan ustedes, abrirá una cuenta de banco?

GRANJA LOMA LINDA, UNA METODOLOGÍA
PARA LA TRANSFORMACIÓN HUMANA

1. Iniciar el cambio poco a poco —física, tecnológica y conceptualmente.
2. Capacitar haciendo: vivir con y trabajar a la par de los campesinos.
3. Respetar la dignidad humana en acción y palabra.
4. Procurar la innovación a costos mínimos: utilizar recursos locales en armonía con la naturaleza.
5. Cumplir las tareas con excelencia —no con mediocridad.
6. Compartir lo aprendido; las ideas no compartidas carecen de valor.
7. Crear satisfacción, en lo personal y en lo comunal.
8. Innovar basado en la sabiduría divina expresada en la Creación, porque el proceso de cambio duradero está en relación con el espíritu.

ANEXO 2

El fortalecimiento de las instituciones locales
El caso de Granja Loma Linda

¿Qué pasará con Granja Loma Linda cuando don Elías falte? ¿Cómo un buen programa de desarrollo se convierte en un programa sostenible? Este estudio de caso presenta opciones que están en discusión sobre el futuro de Loma Linda y los esquemas para evaluar la sostenibilidad de la institución. Es un documento base elaborado más para la discusión en grupos que para ilustrar el manejo efectivo o no de una situación administrativa.

Un soleado sábado septembrino de 1992, el hondureño don José Elías Sánchez recorría absorto las terrazas de su finca de capacitación Granja Loma Linda, que está ubicada en una ladera. Su último grupo de alumnos había emprendido el camino de regreso a sus hogares en Lempira, cerca de la frontera con El Salvador, y él tendría un día y medio para ocuparse de la finca y prepararse para la llegada del próximo grupo. El muchacho campesino que ingresó a primer grado cuando tenía catorce años de edad, encontró su vocación ayudando a las familias campesinas a mejorar sus cultivos y sus vidas. Su meta era capacitar campesinos pobres, quienes constituían el 45 por ciento de la población hondureña, a valerse por sí mismos en su tierra. Consideraba que era una forma de combatir la migración urbana y la consiguiente pobreza de los barrios marginales, hoy situación endémica en las ciudades capitales de los países en desarrollo. Sus esfuerzos son evidentes: la Granja, fundada en 1980, ha capacitado a la fecha más de 30 mil agricultores. La mayoría de ellos ha permanecido en sus tierras, y muchos han establecido sus propios centros de enseñanza y aprendizaje.

Para don Elías el desarrollo económico comienza en la mente. Es aficionado a decir: «La insatisfacción es el comienzo del cambio». Ese día, mientras caminaba por las terrazas de su finca, inclinándose de vez en cuando para arrancar alguna maleza de entre las líneas de lechugas y cebollas, se sentía insatisfecho. Con sesenta y cuatro años de edad y sin un familiar para hacerse cargo del trabajo en la Granja, él se preguntaba si podría asegurar la supervivencia del centro y cómo lo haría. Frente al surgimiento de otros centros de enseñanza y aprendizaje, hasta llegó a pensar si lo que *debería* hacer era asegurar su supervivencia. Reflexionando sobre ello, regresó a la cabaña cerca del río y puso su cinta favorita de música *country*. Escuchando la música del río y la de Charlie Pride, se acomodó para tomar una siesta.

Desarrollo rural de Honduras

Hoy, después de inyecciones masivas de ayuda económica extranjera y una relativa tranquilidad durante más de dos décadas, la población de Honduras de 4.4 millones de habitantes se ubica, según muchos indicadores, como la más pobre de Centroamérica. El sector rural del país, el más grande de la región (61 por ciento de su población), registraba el 77 por ciento de personas en pobreza extrema[1]. Además, Honduras posee las tasas más altas en mortalidad infantil y crecimiento poblacional, la menor esperanza de vida, y el menor producto interno bruto per cápita —sólo unos cuantos dólares más que el de una Nicaragua destruida por la guerra. Los políticos y los donantes bilaterales reconocen que la clave para mejorar estas estadísticas descansa en mejorar los recursos y las habilidades de los campesinos.

Donantes bilaterales

El mayor donante bilateral de Honduras ha sido, por largo tiempo, Estados Unidos, que desde 1985 ha proveído al país más de un billón de dólares en ayuda económica. La Agencia Internacional para el Desarrollo de los Estados Unidos (USAID), financia iniciativas de desarrollo rural a través de la Secretaría de Recursos Naturales. Históricamente, la USAID ha centrado su asistencia en el sector rural, apoyando la difusión de nuevas tecnologías. Sin embargo, los especialistas y observadores reconocen que, hasta el momento, estos esfuerzos han fracasado en su intento de generar sostenibilidad de largo plazo.

---

1   Tom Barry y Deborah Preusch, *The Central American Fact Book*. (New York: Grove Press, 1986).

Las organizaciones no gubernamentales (ONG)

En Honduras, las primeras instituciones no gubernamentales de ayuda fueron, en gran parte, fruto del ministerio de la Iglesia en su afán por ayudar a los pobres. En 1972, la Iglesia Católica impulsó un movimiento de comunidades cristianas, basado en el estudio de la Biblia. Este movimiento tenía un componente social amplio que, entre otras cosas, abogaba porque los agricultores no quemaran más sus campos y conservaran activamente la fertilidad del suelo. Durante el mismo período, las iglesias evangélicas formaron una asociación sin fines de lucro llamada Diaconía, palabra derivada del griego que connota atención a las necesidades físicas y espirituales. En 1974, don Elías fundó la Asociación Coordinadora de Recursos para el Desarrollo, ACORDE, que sirvió para canalizar la asistencia de las organizaciones sin fines de lucro internacionales hacia las necesidades de los campesinos de las laderas. En 1980, ACORDE gestionó la llegada de Vecinos Mundiales a Honduras. Los programas de capacitación agrícola de Vecinos Mundiales fueron y son considerados puntos de referencia en Centroamérica.

Durante la década de los años ochenta, surgió el movimiento de ONG. En 1992, el Gobierno de Honduras había registrado más de doscientas de ellas. Muchas de las ONG han centrado su trabajo en seguridad alimentaria y en la promoción de las técnicas de Loma Linda y Vecinos Mundiales, que combinan mejoras agrícolas con conservación ambiental. En la actualidad, entre los patrocinadores de las sesiones de capacitación, Granja Loma Linda cuenta con Catholic Relief Service, Visión Mundial, Vecinos Mundiales, FAO, Cuerpo de Paz y el Gobierno de Honduras. Todos ellos acuden a Elías para que encienda el entusiasmo por el cambio. Posteriormente, estas ONG se encargan de dar seguimiento en el campo.

Los socios de Granja Loma Linda

Granja Loma Linda ha dado vida a otras ONG. De regreso en sus lugares de origen, más de una docena de ex alumnos han replicado el concepto y han establecido fincas demostrativas basadas en el modelo de Loma Linda. Varias de estas fincas de segunda generación son apoyadas por ONG internacionales; otras permanecen gracias a los esfuerzos voluntarios de las comunidades. Con el apoyo de la fundación Freedom from Hunger, con sede en California, Ismael, uno de los primeros pupilos de Elías, ha desarrollado una próspera finca demostrativa en Olancho.

En 1992, Elías también tenía una sociedad con uno de los mejores institutos en agricultura a nivel latinoamericano, la prestigiosa Escuela Agrícola Panamericana, que recientemente había recibido financiamiento de la Fundación Kellogg para crear un programa de desarrollo rural. Cada viernes, el programa enviaba estudiantes a la Granja para que aprendieran sus técnicas; también, contrataba a Elías para que capacitara en el terreno a los beneficiarios de los proyectos del programa.

Elías tenía una amistad especial con uno de los graduados de este programa, un joven llamado Milton Flo-

res, de treinta y cinco años de edad, quien dirigía una
ONG con sede en Tegucigalpa: el Centro Internacional
de Información e Investigación sobre Cultivos de Cobertura (CIDICCO). Establecida en 1988 con donaciones
de la Fundación Ford y de la Fundación Interamericana,
CIDICCO creó una red informativa sobre el uso de los
cultivos de cobertura en el mejoramiento del suelo que
enlazaba a productores en más de cincuenta países. CI-
DICCO también conducía trabajo de campo y jornadas
de capacitación en Honduras. El trabajo de Flores para
mejorar el suelo comenzaba donde terminaba el esfuerzo de Elías para conservarlo. La familia Flores visitaba a
menudo Loma Linda para conversar e intercambiar ideas
con Elías y Cándida. Algunas veces Elías y Milton juga-
ban con la idea de crear un instituto de capacitación agrícola que fusionara Loma Linda con CIDICCO.

Estableciendo los puntos de referencia de la Granja

Parámetros internacionales

Los métodos de la Granja se comparan favorable-
mente con los parámetros para las ONG establecidos en
un simposio sobre seguridad alimentaria y ambiente, celebrado en 1991, en la Escuela de Agronegocios y Recursos Ambientales de la Universidad Estatal de Arizona
(Arizona State University's School of Agribusiness and
Environmental Resources). El simposio recogió y deba-
tió las lecciones aprendidas por las ONG que trabajan en

desarrollo agrícola en cinco continentes. Con el título «Growing our Future», el simposio incorporó puntos de vista de representantes de agencias gubernamentales, universidades, empresas, grupos conservacionistas y proyectos sociales sin fines de lucro. Sus resoluciones fueron introducidas en los documentos de trabajo de la Conferencia de las Naciones Unidas sobre Ambiente y Desarrollo (La Cumbre de la Tierra), celebrada en Río de Janeiro en 1992. El cuadro No. 1 enumera los factores clave para el éxito en los tres proyectos estudiados en la conferencia y compara la metodología de la Granja con la de ellos.

¿Modelo para Honduras?

Según la Agenda Ambiental de Honduras 1992, «existe una necesidad urgente de un modelo de desarrollo rural que combine medidas de sobrevivencia de corto plazo con las de largo plazo, que restauren y conserven los recursos más afectados y mejoren condiciones de vida» (p.68). Dado los «recursos requeridos para el desarrollo de infraestructura», la Agenda menciona a Loma Linda como uno de los modelos que se debería aplicar en toda Honduras (p.69). La conservación de suelos y el desarrollo de pequeñas fincas son especialmente importantes para detener la migración campesina hacia los ya atestados barrios marginales urbanos del país. Pero el cuadro 2, una matriz para la evaluación de la sostenibilidad del proyecto, muestra que Granja Loma Linda tiene varias vulnerabilidades significativas como modelo de desarrollo rural.

Opciones para el futuro

Mientras cambiaba la cinta de Charlie Pride, Elías ponderaba sus opciones para Loma Linda: podría traspasar la dirección a sus protegidos. Si ese fuera el caso, ellos tendrían que buscar ayuda para cuidar sus centros de enseñanza. O podría crear un comité directivo para administrar la finca y convertirla en una organización paraguas para las réplicas. ACORDE, si bien inactiva, conserva su personería jurídica y una junta directiva. En una oportunidad, tuvo la posibilidad de establecer una sociedad de largo plazo con una ONG internacional, pero su aversión al trabajo de oficina y amor a su independencia hizo difícil dicha sociedad.

Por otro lado, Elías no está seguro de que la misión original de la finca pueda perdurar sin la fuerza de su personalidad y compromiso. Recientemente la UNESCO le otorgó una medalla y se convirtió en la primera persona de nacionalidad no norteamericana en ganar el World Neighbors Partner Award, por su contribución al desarrollo comunitario. Quizá ese era un final oportuno y debía, gradualmente, cerrar Loma Linda y permitir que las técnicas que promovió se diseminaran por medio de la gran red de campesinos y ONG que las practicaban en la actualidad.

Independientemente de la opción que Elías escoja, dos cosas son ciertas: le será difícil ceder los dominios de la Granja, y será aún más difícil seguir sus huellas.

CUADRO No. 1
LECCIONES APRENDIDAS EN TRES PROYECTOS DE ONG INTERNACIONALES VERSUS LA METODOLOGÍA DE GRANJA LOMA LINDA

Proyecto de Rehabilitación de Tuareg Mali, Visión Mundial	La Granja
El mejoramiento de la base de los recursos debe ser una actividad espiritual y una actividad física para la efectividad de largo plazo.	Loma Linda enfatiza el compromiso intelectual, físico y emocional para la agricultura y usa parábolas para brindar motivación en las enseñanzas.
Primero hay que influir sobre percepciones de la tecnología apropiada o ésta no será utilizada.	El éxito de los métodos de la Granja descansa en la apropiación de las herramientas de la finca humana —cabeza, manos y corazón, y en la demostración de los sistemas orgánicos en sus fincas.
Tanto la participación comunitaria como la gubernamental son esenciales para una programación efectiva.	Aunque la Granja recibe algún financiamiento del gobierno, es esencialmente una unidad independiente, pequeña. La ayuda gubernamental sería necesaria para la réplica y distribución geográfica del modelo de la Granja.

Reserva Biosfera Sierra de las Minas Guatemala, World Wildlife Fund	La Granja
Iniciar en los lugares donde la gente vive; centrar el proyecto en lo que la gente ya hace.	El personal de la Granja y las ONG patrocinadoras hacen trabajo de seguimiento en las fincas de los agricultores.
Identificar principales problemas ambientales y económicos y buscar métodos, técnicas y estructuras organizativas alternativas para atender estos problemas.	Las técnicas agrícolas son modernas, pero accesibles a todos los agricultores. Sus problemas sociales (falta de higiene, baja autoestima) reciben tratamiento con el fin de aumentar la capacidad y confianza en el manejo de los recursos.
Con estas nuevas ideas, inducir la experimentación en pequeña escala.	La Granja es una finca experimental pequeña, que enseña mediante el ejemplo y promueve la réplica.
Adaptar y perfeccionar los nuevos enfoques en participación comunitaria.	Ex alumnos de Loma Linda han establecido más de una docena de centros de enseñanza a imagen de Loma Linda en diferentes regiones de Honduras.

sigue...

Ampliar las prácticas horizontalmente, convirtiendo a los participantes exitosos en promotores locales.	Los agricultores que participan en las capacitaciones a menudo comparten lo aprendido con sus vecinos. Sin embargo, esto no es garantía de que los vecinos harán lo mismo. Varios ex alumnos han encontrado resistencia de parte de ellos por la intensidad del trabajo que demandan las técnicas de Loma Linda. Otros ex alumnos han sido acusados de exagerar los resultados.
Aumentar el rango de las actividades del proyecto en la medida en que la comunidad adquiera confianza y se vuelva más innovadora.	La Granja ha mantenido los contenidos teóricos de su plan de enseñanza, pero ha expandido el número de técnicas y rango de los alumnos. Ahora capacita horticultores urbanos, agrónomos y campesinos.

Proyecto de Invernaderos de Bolivia. Food for the Hungry	La Granja
Promover la apropiación local del programa.	Elías ha resistido la tentación de manejar varias granjas distribuidas en un área geográficamente extensa, ha confiado más en la réplica impulsada por maestros locales.
Los proyectos demostrativos deben ser complementados con trabajo de extensión.	La enseñanza de la Granja se complementa con el seguimiento en las fincas de los campesinos.
Permitir espacios para la creatividad en los diseños estándar.	La Granja ha adaptado nuevas técnicas agrícolas, dadas a conocer por voluntarios de todas partes de mundo y de campesinos locales.
La gente pobre valora los resultados rápidos.	Los resultados son inmediatos y se traducen en mayores cosechas en los hogares campesinos.

Fuente: Información derivada de estudios de casos en *Growing Our Future: Food Security and the Environment* de Katie Smith y Tetsungo Yamamori (eds.), (West Hartford, Conn.: Kumarian Press, 1992).

CUADRO No. 2		
CAPACIDADES Y VULNERABILIDADES DE GRANJA LOMA LINDA COMO MODELO PARA EL DESARROLLO RURAL DE HONDURAS		
Características	**Vulnerabilidades**	**Fortalezas**
Físicas/materiales ¿Qué recursos productivos, habilidades y riesgos existen?	Los actuales propietarios de los centros son administradores con debilidades. Se presentarán problemas en el manejo de detalles administrativos si el centro o la red de centros se amplía. La diseminación del modelo dependería de los recursos de un gobierno local pobre en recurso monetario.	La Granja mide sólo 14 hectáreas y tiene un terreno variado, que es ideal para la enseñanza de diferentes métodos de cultivo. No tiene equipo pesado y utiliza 70 por ciento de material orgánico para el cultivo. Una réplica significativa del modelo demandaría recursos para fincas demostrativas, becas y estudios especializados.
Sociales/ organizativas ¿Cuáles son las relaciones y la organización que se da entre las personas?	El carismático liderazgo de Elías y sus 37 años de experiencia docente son difíciles de sustituir. El éxito de largo plazo depende de encontrar y capacitar bue-	Visitas de seguimiento a las fincas de los campesinos aseguran el desarrollo correcto de las técnicas de la Granja. Una red de otras ONG y trabajadores

sigue...

Katie Smith Milway

	nos maestros, con pensamiento afín.	sociales ha surgido alrededor de la Granja para replicar el Proyecto.
Motivación/ disposición ¿Cómo percibe la comunidad su habilidad para el cambio?	El estilo franco de Elías y su presencia avasalladora resultan algunas veces alienantes. No todos lo aceptan. Por sentimientos de orgullo o de derrota, los campesinos todavía se resisten al cambio en sus comunidades.	El éxito de la Granja es arrollador, dado que sus técnicas están sustituyendo las tradicionales técnicas agrícolas destructivas mediante un proceso educativo. El carácter integral del enfoque ha transformado también prácticas sociales autodestructivas.

Fuente: Basado en el modelo de Mary B. Anderson y Peter Woodrow: *Rising from the Ashes: Development Strategies in Times of Disaster* (Boulder; Westview Press, 1989). Utilizado con autorización.

Epílogo
La cosecha de la Finca Humana

Después de la tormenta

Milton Flores Barahona

El 27 de octubre de 1998, aquel ramal del río Chiquito que pasaba por en medio de Loma Linda, cambió el rumor que por tantos años arrulló los días y las noches de don Elías, en un gran estruendo. Ese ruido era producido por las toneladas de lodo, árboles caídos y una corriente trepidante que bajaba de las montañas donde nace, como nunca se había visto. La creciente fue provocada por la lluvia que dejó caer el huracán Mitch sobre toda Honduras. En una semana, llovió alrededor de 60 pulgadas (1500 mm) de agua; una cantidad igual a la que cae durante todo un año.

El jueves 27 por la noche, Cándida estaba intranquila, muy intranquila; ella veía que el río subía y subía. Le pidió a don Elías que no se quedaran ahí esa noche, pero él insistió en permanecer en la casa. A la mañana siguiente, don Elías le dijo a Cándida: «Hoy sí debemos irnos, estoy viendo que el río está arrastrando lodillo; yo creo que algún cerro se está lavando allá arriba». Y esta vez era Cándida quien pensaba que lo peor ya había pasado. Pero como el río seguía subiendo, decidieron irse. Antes arreglaron algunas pertenencias para dejarlas a buen resguardo en la finca, pensando que alguien podría entrar a robar, aprovechándose de la situación. Salieron el viernes muy temprano y lograron llegar a Tegucigalpa. Ya a las 10 de la mañana no se podía pasar de Tegucigalpa hacia la aldea El Chimbo, donde se ubica la finca. Cándida y don Elías se quedaron ese día en un hotel de Tegucigalpa.

No muy lejos del hotel está la antigua Penitenciaría Central, un vetusto edificio hecho de adobes, ubicado justo a la margen del río Chiquito, que baja desde las montañas del lado de Valle de Ángeles, atraviesa una parte del centro de Tegucigalpa y se une después al río Choluteca. Las aguas embravecidas habían erosionado las paredes de adobe de la prisión y comenzaron a inundar el área donde estaban los reclusos. Éstos, desesperadamente, trataban de salvar sus vidas, así como escapar del agua y de la pena que debían pagar. La policía, en el intento por evitar la fuga, abrió fuego; varios desaparecieron arrastrados por la corriente, pero nunca se sabrá si murieron a causa de los disparos o ahogados. Desde el restaurante del hotel, don Elías y Cándida escuchaban los disparos y se preguntaban, temerosos, qué más podría estar pasando. Unas horas después, don Elías escucharía también que su pueblo natal, Morolica, en Choluteca, había sido literalmente borrado del mapa. Todas, absolutamente todas las casas del pueblo, fueron destruidas. Y en silencio, ambos se preguntaban: ¿Cómo estará Loma Linda, su hogar?

Aunque las lluvias del Mitch bajaron de intensidad, don Elías y Cándida no pudieron regresar sino hasta tres días después; deseaban regresar, pero no podían pasar; tal era la magnitud del desastre. Entretanto, mucha gente no sabía qué había pasado con ellos. Hasta se llegó a pensar que habían perecido. Un vecino fue el mensajero de la noticia. Les dijo: «No tienen casa, no hay nada, todo se lo llevó la creciente». Y con esta noticia se pusieron en camino. En cuanto más se acercaban, más se desvanecían las esperanzas de que las palabras del vecino fueran una exageración. En efecto, aquello estaba irreconocible. Grandes porciones del terreno y los edificios de la finca desaparecieron. Enormes árboles se amontonaban, cubiertos de lodo y piedras. Toda la historia de la finca, la biblioteca, las fotos, los registros, los equipos audiovisuales, camas, sillas, todo lo de cocina, todo absolutamente todo desapareció. En las parcelas, algunas terrazas protegidas con barreras vivas y llantas, resistieron la lluvia, pero el torrente lavó gran parte del terreno.

La gente reconoció y lamentó que mucho de esa destrucción se debía al deterioro a que han sido sometidos los bosques y el suelo en todo el país, particularmente las cuencas que rodean Tegucigalpa. Loma Linda estaba ubicada en una de esas cuencas, en la ribera de un riachuelo que la gente llama «Matambre» que baja desde la montaña El Granadillo. Muchos meses después, don Elías me comentaría: «...mirá qué bárbaro fui yo, ¡dónde había hecho la casa! En el propio camino del río. Él pasó reclamando lo que era de él».

Ante aquella calamidad, Cándida tenía tres grandes preocupaciones; una era dónde vivirían; la otra cómo harían para empezar de nuevo, de cero. Pero lo que más le preocupaba, era que don Elías recayera en depresión. Y es que este desastre fue una más de las aflicciones que ocurrieron en la vida de don Elías durante los últimos tres años. Aunque las aflicciones no lograron derrotarlo, sí le mermaron energía.

En junio de 1997, el estrés a causa de tanto trabajo y de la energía que ponía en todo lo que hacía, cobrarían su precio en la finca humana de don Elías. Una mañana, cuando él y Cándida se dirigían hacia la comunidad de Encinitos, cerca de Sabanagrande, Francisco Morazán, a impartir un curso, se encontraron con que la carretera estaba bloqueada por un alud y, por más esfuerzo que hicieron trabajadores y gente de la comunidad, no pudieron habilitarla en corto tiempo. Don Elías se preocupó mucho. Sentía una enorme responsabilidad hacia la gente que lo esperaba. Aunque varios vecinos de Encinitos se dieron cuenta de que él no podría pasar y seguramente avisarían a la gente de la comunidad, él no era persona a quien cualquier excusa o contratiempo, aunque estuviese fuera de su control, le impedía hacer las cosas.

Aquello fue la gota que rebalsó el vaso. Este incidente fue el disparador de una grave crisis depresiva que se prolongaría por seis largos meses de sufrimiento, angustia y gasto, debido a que el diagnóstico y el tratamiento médico al que fue sometido resultó inadecuado. Finalmente, al ver que empeoraba, Cándida y sus hijas dispusieron llevarlo con el Dr. Nassar, un neurólogo quien, después de varios exámenes, detectó que el problema era una insuficiente irrigación cerebral. Así, con medicamentos relativamente baratos y en sólo una semana, don Elías volvió a la vida.

El temor de Cándida, de que él recayera al ver la destrucción de Loma Linda, no se materializó. Por el contrario, pareció cargarse de energías. Don Elías estaba hecho de madera fina. Raúl Zelaya, entonces director de Vecinos Mundiales, rápidamente levantó algunos recursos para invertirlos en la reconstrucción de Loma Linda. Raúl recuerda que una tarde, cuando logró llegar a la destruida finca, don Elías estaba sacando pedazos de madera y rescatando algunas cosas de en medio del lodo y los escombros. Un mes después, levantó una casita de una sola pieza dividida en dos partes: el dormitorio y la cocina comedor. Aunque aquel lugar era sencillo, todos recordamos el calor y la confraternidad que siempre existió alrededor de la mesa del comedor. Era como si aún nos sentáramos en el corredor del antiguo edificio de Loma Linda, como si nada hubiese cambiado.

Durante los meses posteriores al Mitch, don Elías mostró otra faceta admirable de su carácter al tener que lidiar con varias ofertas de donaciones. En Honduras hay un proverbio que dice: «A caballo regalado no hay que buscarle colmillo». Pero ése no era su pensamiento. Él siempre vio las donaciones para el desarrollo con recelo. Solía decir: «Uno tiene que ver las donaciones con cuidado porque casi siempre la primera es fácil de obtener. A veces hasta se la ofrecen a uno. La segunda es más difícil y la tercera te la dan sólo si aceptas las condiciones del donante. Por eso no hay que correr a aceptar cualquier donación que nos ofrezcan». Con esta forma de pensar infundió, en quienes lo conocimos e internalizamos sus enseñanzas, una ética de responsabilidad y dignidad a la hora de negociar apoyos financieros para proyectos.

En Loma Linda, don Elías recibió la colaboración de numerosas personas que escucharon del desastre ocurrido. Le donaron desde un cargamento de agua de Canadá y cerca de veinte camas con colchones, para reponer las literas de madera, hasta dinero en efectivo.

Pero, sin duda, uno de los ofrecimientos más significativos fue el del Banco Europeo de Inversiones (BEI) con sede en Luxemburgo. Resulta que un antiguo amigo y alumno, Mathias Himpsel, de origen alemán, quien estuvo trabajando y aprendiendo con él varios años atrás, envió solicitudes de apoyo para Loma Linda a organizaciones europeas. El BEI respondió con interés y envió a Joaquín José Cervino a visitar Loma Linda y presentar una oferta de apoyo. Mathías se comunicaba conmigo por correo electrónico y juntos coordinamos la visita del Sr. Cervino a la finca. Cuando se encontró con don Elías, conoció más a fondo su obra y recorrió lo que quedaba de la finca, expresó que estaba autorizado para hacer un donativo de trescientos mil dólares para la reconstrucción. Para ello era necesario que Loma Linda se constituyera oficialmente en una entidad sin fines de lucro o una Fundación, pues de acuerdo con las regulaciones legales del Banco, no les estaba permitido apoyar iniciativas a título personal. Expresó también que él entendía que esa decisión no sería fácil para don Elías porque tendría implicaciones legales y familiares. Además, planteó que de no ser posible hacer la donación a Loma Linda, le gustaría apoyar un orfanato ubicado en San Pedro Sula.

A raíz del desastre, don Elías comenzó a conversar con varios amigos acerca de la necesidad que él miraba de conformar una Fundación que le diese continuidad a sus esfuerzos de tantos años. Sin embargo, aquello era un proyecto de mediano plazo. De manera que cuando el Sr. Cervino hizo la oferta, ésta no dejó de considerarse una alternativa; era cuestión de acelerar los trámites. No obstante, ante el otro posible destino para los fondos —el apoyo al orfanato— don Elías mostró una sensibilidad y desprendimiento dignos de imitar. A la mañana siguiente de la reunión sostenida en Loma Linda con el representante del Banco, me comunicó por teléfono su decisión de no aceptar los fondos y dejar en libertad al Banco para que apoyara el orfanato. Así se lo comunicó también al Sr. Cervino, no sin que antes varios amigos le insistieran en que lo pensara mejor. Poco tiempo después, don Elías comprobaría que su decisión había sido correcta, porque surgió otra oportunidad de apoyo.

Otro amigo de él, Hugo Galeano, un reconocido consultor hondureño, interesó a la Cooperación Canadiense para que apoyase la reconstrucción de Loma Linda. Hugo trabajó con don Elías en la elaboración de una propuesta que pasó por varias revisiones y modificaciones hasta que, finalmente, la Cooperación aprobó 450 mil lempiras para levantar las edificaciones y volver a poner el Centro en funcionamiento.

Esta vez, él levantaría la obra alejada del río Chiquito, en la parte alta de la finca; sería una construcción más sólida, capaz de permanecer a pesar de las tormentas y los incendios que, año tras año, amenazan los bosques de la finca. Durante el tiempo que duró la construcción, don Elías no detuvo su trabajo; a un ritmo menor al que solía imprimir a sus actividades cuando contaba con toda su fuerza vital, siguió facilitando talleres, asistiendo a reuniones, recibiendo visitantes e infundiendo ánimos y esperanzas a quienes lo visitaban.

Esta capacidad de «resiliencia», característica de los seres humanos grandes, fue uno de sus últimos legados. Levantar nuevamente su obra de entre los escombros fue la última de las obras físicas que realizó y una de las más evidentes demostraciones de su filosofía; su finca física fue sólo una evidencia tangible de la riqueza intangible que había en su finca humana.

⤙⤚

Una hermosa mañana de verano, el domingo 19 de marzo de 2000, las campanas de la iglesia de Gracias despertaron al pueblo anunciando el Día del Padre. En el ambiente sonaba la nostálgica melodía de Piero «…es un buen tipo mi viejo, viejo mi querido viejo». Me levanté temprano y, mientras apreciaba desde la terraza del hotel Guancasco los viejos techos de tejas y las copas de los árboles que intentaban ponerse a la altura de las imponentes montañas que rodean Gracias, meditaba en la noticia que Raúl Alemán me transmitió por teléfono la noche anterior: «…nuestro querido don Elías falleció». Pensaba que, antes de salir hacia Gracias, lo había llamado por teléfono para invitarle a acompañarnos —a mí y a don Heliodoro Díaz, de la Fundación Kellogg, con quien mantuvo una buena amistad— a visitar varios proyectos que la Fundación pensaba apoyar en aquella región. Don Elías no se oía bien esa noche; se escuchaba cansado. Le pregunté que si se sentía bien y él, quizás para tranquilizarme, me dijo que no era nada serio. Aunque la respuesta no me tranquilizó, salimos la mañana siguiente hacia Occidente.

La noche del viernes 17 Elías se puso peor, aunque él insistía en que estaría bien. Pero temprano por la mañana del sábado, Cándida le pidió a Modesto Sánchez y a varios estudiantes extranjeros que permanecían en la Finca, que le ayudasen a subirlo al vehículo y llevarlo al hospital Adventista de Valle de Ángeles. Iba lúcido, pero se veía muy mal. Lo internaron inmediatamente, pero los médicos no pudieron detener el desenlace. Don Elías había estado ocultando cómo se sentía realmente. El sábado por la tarde llegaron al hospital los estudiantes que permanecían en la finca y don Elías les preguntó: ¿Qué han estado haciendo? Hemos estado trasplantando apio —respondieron. Bueno, allí tienen bastante semilla para que sigan sembrando —les dijo. Ésa fue su última instrucción. Un poco más tarde, se agravó. Ya el médico le había anunciado a Cándida que el cuadro se presentaba muy difícil y que debía estar preparada. Y así sucedió. La enfermera que lo atendió con esmero hasta el final, le preguntó si quería que ella orara con él y él dijo que sí. Unos minutos más tarde entró en la crisis final. Expiró. Cándida estuvo con él hasta el final. Era el 18 de marzo de 2000. Don Elías había partido.

La mañana del 19 de mayo de 2000, Loma Linda, que había permanecido callada desde la partida de don Elías, despertó en gran movimiento. Muchos carros entraban; gente bien vestida con aires urbanos, y otros con sombrero y ropa de domingo, llegaban a cada momento. El equipo de sonido reproducía la vigorosa voz de Mercedes Sosa, «Gracias a la vida, que me ha dado tanto». Era el día del memorial que mucha gente organizó para darle el adiós formal y el reconocimiento nacional a la obra de Elías Sánchez. A través de la Red de Desarrollo Sostenible se difundió la invitación. Se levantaron fondos para hacer una revista y cubrir los gastos que ocasionaría el evento. Directores de la Escuela Agrícola Panamericana y representantes de la Universidad EARTH de Costa Rica estaban presentes. Unas semanas antes, don Elías había sido nombrado *Director Emeritus* de aquella universidad. También envió un mensaje el Ministro de Agricultura a través del Director del Programa Nacional de Desarrollo Rural, Efraín Díaz Arrivillaga. De los Estados Unidos llegó Don Paul Mckay, quien apoyó a Elías a iniciar su obra y con quien trabajó mano a mano para que Vecinos Mundiales se estableciera en Honduras. También llegó Don Burckhard, director internacional de Vecinos Mundiales, y Wilmer y Miriam Dagen. Todos queríamos decir algo, pero todos sabíamos que al decir lo que queríamos nos quedaríamos cortos. El Dr. Shad Prashad, entonces Cónsul de Canadá en Honduras, inauguró formalmente los edificios ese día. Don Elías nos había juntado una vez más para celebrar su legado. Hubo lágrimas, pero salimos llenos de esperanza.

Los deseos de muchos «amigos de Loma Linda» por echar andar el centro post-don Elías, han sido más fuertes que todos los obstáculos surgidos en el camino a raíz de su partida. Obstáculos relacionados con la distribución de la propiedad y los mecanismos formales para impulsar una iniciativa duradera que rinda una cosecha tan abundante como la que él generó durante su vida. Cándida ha mantenido las instalaciones en funciones y las terrazas produciendo, como demostrando que allí no han cambiado las cosas. Bajo los auspicios de varias organizaciones, las instalaciones de Loma Linda han seguido albergando cientos de personas en talleres, cursos y sesiones. Poco a poco, con la decidida participación de Don Paul Mackay y otros amigos hondureños como Ramón Romero, el pastor Guillermo Jiménez y demás herederos de don Elías, se han ido creando las condiciones propicias para reiniciar el trabajo con una nueva dinámica y con la misión de seguir cultivando la Finca Humana.

Y aunque Loma Linda no ha estado funcionando como antes, la obra de don Elías no se ha detenido. En cierta ocasión le pregunté por qué razón no reactivaba ACORDE, la organización que él había establecido hacía muchos años, para darle continuidad a su obra. Con su particular manera de hablar me contestó: «Mirá, yo no quiero tener una gran cabeza; lo que quiero son miles de cerebros, manos y corazones trabajando en el campo». Por eso insistía en que fuesen apareciendo, en todas partes del país, otras personas y otras fincas con la filosofía de cultivar la Finca Humana a las que prefería llamar

CEA, Centros de Enseñanza y Aprendizaje. Afortunadamente, esta visión se hizo realidad. Los CEA existen y
están activos. De eso trata el capítulo que sigue.

Los CEA: la siembra continúa

Laura Suazo y Milton Flores Barahona

Una siembra conjunta de semillas e ideas se ha promovido durante los últimos veinte años a través de Granja Loma Linda, la cual encarna las prédicas del padre de la Finca Humana: Elías Sánchez. La docena de alumnos que atendieron su llamado personal para replicar el concepto de la Finca Humana y las prácticas de Granja Loma Linda en 1994, se multiplicó en cantidad e impacto y trascendió del entorno familiar al comunitario. Así, la siembra continúa en comunidades remotas por medio de los Centros de Enseñanza-Aprendizaje —más conocidos como CEA— de primera, segunda, tercera y hasta cuarta generación de alumnos de Granja Loma Linda.

Como un artista, Elías Sánchez dio vida a su obra, la Finca Humana, una filosofía que reúne principios, valores, técnicas de enseñanza de adultos, técnicas participativas y prácticas de agricultura sostenible en un modelo de capacitación y extensión agrícola de bajo costo y fácil aplicación en programas de desarrollo orientados al ser humano.

En la Finca Humana se pueden identificar elementos de la educación popular promovidos por el brasileño Paulo Freire; principios de educación aplicada de John Dewey, formulados a inicios del siglo pasado en Norteamérica; técnicas de agricultura orgánica del japonés Masanobu

Fukuoka y aspectos de desarrollo participativo fomentados por el inglés Robert Chambers. Esta conjunción de conceptos e ideas es la que le da un enfoque integral al trabajo del desarrollo con enfoque humano.

Pero, el popurrí de ideas presente en la Finca Humana no sería trascendente si, aparte del mejoramiento de la finca y el desarrollo de una conciencia de cuidado de la tierra, no apostara al empoderamiento del individuo. Éste, a través de la reflexión y el análisis crítico de su contexto social y agrícola, descubre su potencial para prosperar, mejora el concepto de sí mismo y se motiva para compartir el conocimiento con otros. En otras palabras, los principios de la Finca Humana encierran la respuesta para que los esfuerzos por el desarrollo dejen de ser una falacia. Y para que los «fondos recuperables» o «no recuperables» que gobiernos y sector privado invierten en países empobrecidos, contribuyan a reducir el hambre, física, mental y espiritual de los ciudadanos menos favorecidos.

Mucho antes de su partida, don Elías visualizó que una forma de continuar con los esfuerzos formativos desde el enfoque de la Finca Humana sería que otros agricultores, muchos de los cuales eran sus alumnos, desarrollaran sus propias experiencias de enseñanza utilizando como principal medio didáctico sus fincas y el ejemplo de sus vidas y familias transformadas. Él quería que se abrieran muchos centros como Loma Linda, guiados por agricultores. Pensaba que el ejemplo de superación de otros campesinos sería mejor modelo que su propio

Centro. Era fácil argumentar que Loma Linda presentaba logros porque Elías tenía estudios universitarios, la finca tenía agua en abundancia y recursos económicos que la gente pobre no poseía. Más que aulas de enseñanza, fincas modelo y proyección comunitaria, él veía a los CEA como un movimiento familiar donde los agricultores, inspirados en la filosofía de la Finca Humana, promovieran la transformación personal, familiar y comunitaria.

Similar a la oposición de Paulo Freire ante la educación bancaria, donde las cabezas de los alumnos sirven como depósitos de la información aportada por los maestros[1], Elías Sánchez se opuso a los centros de capacitación tradicionales, donde los agricultores reciben capacitación de los especialistas. En su lugar, abogó por una enseñanza de doble vía en la que cada participante, alternando como maestro y como alumno, se encuentra a sí mismo y con otros, y comparte libremente su experiencia personal, familiar y productiva. Elías motivaba a quienes miraba con potencial para desarrollar su propio CEA. Nunca les ofreció dinero para hacerlo, pero les presentó una visión y misión: Compartir.

Y es precisamente en «el compartir» que descansan los Centros de Enseñanza-Aprendizaje. De este «compartir» es testigo Erasmo Mejía, un agricultor de San Juan de Opoa, Copán, quien en 1998 fue motivado por Elías

1   Paulo Freire, *Pedagogy of the Oppressed* (Myra Bergam Ramos, Trans.). New York: Continuum. 1970.

para compartir a través de un CEA. Para Erasmo, la Finca Humana significa abastecerse de conocimientos y sabiduría para compartir con otras personas. Él enfatiza en el aprendizaje no sólo de materiales escritos en láminas, sino de descubrimientos que se viven a diario en las comunidades. Erasmo separa y une la finca física con la finca humana y considera que, en el proceso de cambio, las dos fincas se desarrollan juntas: el conocimiento de la agricultura, junto con el deseo de enseñar a otros. Este facilitador de segunda generación se inició con Salomón Mejía, amigo cercano y coordinador de un CEA en Santa Rosa de Copán. Aunque Erasmo ya conocía a Elías Sánchez, fue en 1998 que, a raíz de las experiencias que aprendió en Loma Linda y luego en el CEA de Jorge Amador en Arrayanes, Sabanagrande, cuando recibió el llamado personal de trabajar con grupos, asumiendo su deseo de aprender para demostrar y enseñar a otros[2].

En el otro extremo de Occidente, en Semane, Intibucá, Gregorio Vásquez ha incursionado en los últimos años en el desarrollo local, dando el ejemplo en su CEA, en su familia y en la comunidad. Gregorio explica:

> En lo relacionado a la comunidad han habido bastantes cambios, porque ahora muchos imitan lo que estoy haciendo. En las conversaciones que tenemos con algunos amigos y vecinos siempre les decimos que

---

2   Entrevista con Erasmo Mejía en San Juan de Opoa, Copán, el 18 de diciembre de 2000.

traten de mejorar, que para mí ha sido bueno esto.
Cuando hay capacitaciones les invito a que participen
porque allí uno se prepara[3].

Fidel Lorenzo, un agricultor del cerro El Pelón, en Ya-
maranguila, participante del Programa de Formación en
Agricultura Sostenible (PFAS) de CIDICCO y capacitado
por Gregorio Vásquez, después de recibir la capacitación
también sintió el compromiso de hacer algo por su bienestar y el de su familia. Por eso decidió no quedarse con lo
que había aprendido, sino compartirlo con un grupo de 16
mujeres que ayudó a organizar en su comunidad. Las mujeres, que también practican la agricultura en esta zona,
han aprendido a hacer acequias, barreras vivas, barreras
muertas y desagües o drenajes, logrando cultivar exitosa-
mente sus parcelas. A la labor voluntaria de Fidel se suma
la puesta en marcha y funcionamiento, por medio de CI-
DICCO, de una caja rural que ayuda a solventar las necesidades de sus miembros, mediante el crédito y ahorro.

En don Elías, el surgimiento de la idea de los CEA se
remonta al trabajo que inició a comienzos de la década
de 1980 con ACORDE, Vecinos Mundiales y el entonces Ministerio de Recursos Naturales[4] (RRNN). De 1977
a 1979, Elías Sánchez y Marcos Orozco de Vecinos Mundiales, Guatemala, coordinaron intercambios de experiencias entre unos 350 técnicos de RRNN de Honduras y

---

3   Entrevista con Gregorio Vásquez el 6 de diciembre de 2000.
4   Actualmente Secretaría de Agricultura y Ganadería (SAG).

personal de Vecinos Mundiales del vecino país[5]. Se dice que a Elías le llamó la atención la metodología de Marcos para enseñar conservación de suelos. Él amarraba dos piedras; colocaba una en el suelo y la otra en su oreja, e iniciaba una conversación con el suelo, así: «Amigo suelo: ¿Cómo estás hoy? ¿Tienes sed? ¿No te están tratando bien?...». Así ganaba la atención de sus oyentes, mientras transmitía un mensaje de cuidado amoroso para el suelo. Ambos, Sánchez y Orozco, compartieron un modelo de extensión agrícola con un enfoque humano, plasmado en los programas de conservación de suelos que luego florecieron en Honduras. Esta nueva forma de trabajo reemplazó, en parte, el enfoque tradicional de la asistencia técnica bajo el modelo de la revolución verde, común en esa época y poco apropiada para la agricultura en ladera a escala familiar.

Más tarde, cuando con Milton Flores organizaron la primera reunión formal de los CEA, en 1995, don Elías expuso que su creación era necesaria porque:

- Sólo el 5% de la población rural estaba recibiendo algún tipo de asistencia técnica.
- El lenguaje utilizado por el personal técnico de extensión para comunicarse con los campesinos es casi incomprensible para éstos.

---

5   Gabino López, Reseña del Comienzo de la Agricultura Ecológica y Humana en Honduras. Boletín *Homenaje a Don Elías Sánchez: Un Forjador de la Esperanza Rural*. Tegucigalpa, mayo, 2000, pp 6-7.

- El problema de la agricultura campesina no es sólo la falta de tecnologías, sino la falta de motivación, y tiene causas arraigadas en el interior del ser humano. Y si el pueblo no encuentra la forma de salir avante de su situación de atraso, buscará satisfacer esas necesidades por otras vías, incluyendo la violencia.

- Existe muy poco personal comprometido con la causa de educar al pueblo[6].

Esta situación no es muy diferente de la que observamos hoy en día; la capacitación agrícola que se ofrece no aborda aspectos ambientales, sociales, culturales y psicológicos que afectan al agricultor y su familia, y aún existe poca oferta de servicios de capacitación en agricultura sostenible, de acuerdo a las condiciones agroecológicas y socioculturales propias de cada región. Además, la capacitación que se ofrece no promueve el análisis crítico, ni motiva al cambio personal y colectivo.

Otro hecho histórico que llevó a Elías a pensar en los CEA fueron las experiencias educativas desarrolladas por Galo Plaza Lazo —ex presidente de la OEA— en Ecuador y Harold Brosious, en Honduras[7]. Harold Brosious fundó, a principios de siglo, una escuela vocacional agrícola en El Malcotal, Minas de Oro. En cierta ocasión, Elías dijo: «Brosious fue un gringo que vino a Honduras

---

6   Memoria, primera reunión Red de CEA, mayo de 1995.

7   Idem.

en busca de oro, pero en realidad encontró otro tipo de oro; encontró jóvenes a quienes formar[8]. Brosious adoptó un currículum que incluía desde Matemática hasta apreciación musical y Literatura, combinado con una práctica rigurosa de la agricultura y ganadería mayor, aves y cerdos. Pero, además, cultivaba las vocaciones en sus alumnos, incluyendo Medicina y Química.

Estos estudios eran considerados de avanzada en aquellos años, cuando la mayoría de los niños apenas terminaba el quinto grado y cuando los campos hondureños se enlutaban a causa de las revoluciones sangrientas auspiciadas por caudillos. De las enseñanzas de la Escuela El Malcotal sobresalen tópicos científicos, culturales, morales y humanos, siendo la agricultura la principal orientación[9]. Esos aspectos se identifican claramente en el programa formativo de la Finca Humana que Elías quería que se impartiera en los CEA. Otro personaje que influyó en su propuesta fue Masanobu Fukuoka[10], de quien ya se ha hecho mención en este libro[11].

Después de diez años de insistir con sus alumnos y organizaciones de desarrollo sobre la necesidad de crear

---

8   Milton Flores, comunicación personal

9   Julio Pineda Rodríguez, *Biography of Harold Brosious: Mentor and Friend.* Comayagua, Honduras: López Editorial. 2001.

10   Katie Smith, *The Human Farm: A Tale of Changing Lives and Changing Lands.* USA. Kumarian Press pp 46-47.

11   Masanobu Fukuoka, *The One-Straw Revolution: An Introduction to Natural Farming.* Friends Rural Centre: India, 1978.

los CEA, Elías había logrado convencer a una cantidad importante de campesinos y directivos de organizaciones. Al ver que la propuesta fructificaba, Elías y Milton comenzaron a dialogar sobre la necesidad de darle cierta institucionalidad al movimiento. En 1994, con el apoyo financiero de CIDICCO y sus contrapartes HIVOS e INTERCOOPERATION, se realizó una serie de reuniones que llevó a la creación de una red de CEA; ésta reunió a todas las personas que tenían centros o hacían capacitaciones en sus fincas, y fue la vía para darle forma a una iniciativa de comunicación, enlace e intercambio de experiencias.

La primera reunión de la red, que fue en mayo de 1995, en el centro La Semilla de El Progreso, reunió a personas que ya tenían o estaban en proceso de formación de CEA en diferentes regiones. Entre éstas: Salomón Mejía, un seguidor cercano de Elías, quien en 1991 formó el Centro Amigos de la Naturaleza (CANA) en Copán. Abel Ortiz, que desarrolló la Granja Los Abuelos en San Isidro, Choluteca. Ismael Vargas, ex trabajador e instructor de Granja Loma Linda; en esos días trabajaba con la organización FAMA (Familia y Medio Ambiente) que creó el Centro Zopilotepe en Juticalpa, Olancho. En aquellos años, FAMA era coordinada por la señora Sonia Álvarez, amiga de Elías, e invitó a Modesto Gómez y Camila Elvir — ex alumnos de Elías— a dirigir el centro. También participaron Laureano Jacobo quien, al cesar sus funciones como extensionista en Vecinos Mundiales Honduras, creó en 1992 el centro La Semilla

233

del Progreso en El Porvenir, Siguatepeque; y René Santos quien, poco tiempo después, creó el CEA sobre Agricultura Sostenible (CEAASO) en El Socorro, Comayagua, muy cerca de Siguatepeque.

También iniciaban actividades de capacitación en sus fincas: Moisés Rodríguez, quien tenía el Centro Agricultores en Marcha en Mejocote, Gracias, Lempira. En Intibucá surgieron los CEA Finca El Paraíso de Gregorio Vásquez, en Semane; Finca San Miguel, de Julián Pérez, en Los Mangos, y Finca El Edén, de Máximo Sánchez, en San Isidro. En la zona sur se creó el Centro de Enseñanza del Trópico Seco (CETROSE) de Juan Mendoza, en San Marcos de Colón; la Finca Los Recuerdos, de Juan Villagra en Choluteca, quien también trabajó para Vecinos Mundiales, y el Centro Nueva Vida de Modesto Sánchez, en Potrerillos, Moropocay, Nacaome.

En la zona central se inició el Centro de Desarrollo Agrícola de Jorge Amador, en los Arrayanes, Sabanagrande, Francisco Morazán. Tanto Modesto Sánchez, como Jorge Amador laboraron como colaboradores de enseñanza en Granja Loma Linda. Otro centro con ideas afines a la Finca Humana es el Centro Herencia Verde en el Ocotillo, El Merendón, Cortés, que fue patrocinado por la Organización de Desarrollo Empresarial Femenino (ODEF) y financiado por la Fundación Vida y KATALYSIS. Asimismo hubo otras iniciativas que no lograron consolidarse.

Aunque estas iniciativas funcionaban de forma independiente, los dueños acostumbraban visitar Granja Loma

Linda para informar a Elías sobre la labor realizada. Él solía retarlos con una estrepitosa frase: «A mí me encanta que me vengan a ver, pero no que vengan acá como a pagar promesas. Quiero que estas ideas se divulguen a nivel nacional»[12].

En la primera reunión de la Red de CEA, Elías Sánchez enfatizó en su enfoque filosófico. Es decir, que cada participante despertase la conciencia de su capacidad como persona en sus tres grandes potencialidades: su cerebro, sus manos y su corazón. La capacitación en los CEA facilitaría la reflexión crítica sobre los principales problemas que enfrentan los agricultores. Esto dio lugar a un movimiento de transformación para el desarrollo que es social y ecológico. La misión de los CEA se concentró en proveer experiencias de aprendizaje que promovieran el crecimiento y el desarrollo humano en lo físico, lo social y lo psicológico.

Los objetivos de la Red de CEA se resumieron en: Intercambiar experiencias dentro y fuera de la red; consolidar la red para la autogestión; difundir los conocimientos buscando impacto nacional e internacional; mejorar y actualizar los conocimientos de los CEA y coordinar actividades con otras organizaciones afines a la visión de los CEA. Con el fin de consolidar la red para la autogestión, los representantes de CEA establecieron un calendario de reuniones mensuales, grupos de comunicación entre representantes de CEA cercanos, visitas entre los

---

12 Entrevista con Cándida Osorio, 1 de noviembre de 2003.

CEA y establecimiento de un punto de enlace, el cual recayó en CIDICCO.

Desde su comienzo, los CEA perfilaron su visión como una concepción filosófica y científico-técnica. Lo filosófico apuntó a la persona, al ser humano como la base de cualquier cambio. Lo científico comprendió fundamentos de las prácticas o técnicas a enseñar. Lo técnico incluyó prácticas sencillas, de bajo costo, a partir de recursos locales, en armonía con el ambiente. Esta visión incluyó aspectos de crecimiento humano, unificación familiar, seguridad alimentaria y conservación del ambiente familiar[13]. El crecimiento humano ocurre mediante el autoanálisis de cada situación personal orientado a fortalecer el concepto, estima, confianza y espiritualidad en cada cual. La unificación familiar incluye la familia y los vecinos con disponibilidad de conocimientos espirituales, económicos, culturales, sociales y técnicos que contribuyan a su mejoramiento. A su vez, la familia logra su seguridad alimentaria por medio de la producción en la finca familiar. Y los CEA asumen su papel conservacionista mediante el uso eficiente y razonado de los recursos naturales.

CIDICCO animó y financió reuniones de la Red desde 1995 hasta mediados de 1999, cuando retiró su apoyo después de trece reuniones en diferentes CEA. Durante ese tiempo, animó a los miembros de la Red a no dejar caer la iniciativa cuando terminase su apoyo. A princi-

---

13   Memoria, cuarta reunión de CEA, septiembre de 1996.

pios de 1998, los CEA prepararon su reglamento interno, donde establecieron que la Red se gobernaría por un consejo directivo integrado por cada uno de los directores de los CEA. También se estableció un fondo propio, que de alguna forma sustituyese el apoyo financiero de CIDICCO. Pero el reglamento resultó demasiado rígido para la iniciativa que se proponía, y el grupo no logró consolidar un liderazgo creíble ni un movimiento autogestionado.

Poco a poco, la percepción de no estar logrando ningún beneficio al pertenecer a la Red, fue menguando el interés. Y es que muchos de sus miembros abrigaban la esperanza de que, por su medio, obtendrían financiamiento para impartir cursos o para construir instalaciones. Aunque estas expectativas eran válidas, la realidad demostró que obtener tales beneficios no era fácil. Para que esta idea se diseminara en la Red, contribuyó el hecho que, a través de arreglos interinstitucionales, unos cuantos CEA —excepciones a la regla— consiguieron pequeños fondos para realizar construcciones.

La Finca Humana se cultiva actualmente pese a que, en el 2000, las reuniones de la Red cesaron y ésta prácticamente desapareció. La mayoría de sus antiguos integrantes continúan desarrollando labores educativas formativas de distintas maneras; el movimiento no se ha quedado estático y ha asumido numerosas formas. El trabajo de don Elías ha generado un efecto de «bola de nieve», que abarca varias generaciones de personas e instituciones que fueron influenciadas por la Finca Humana y Granja Loma Linda, en diferentes épocas y de distintas maneras.

Por ejemplo, unos diez CEA ofrecen actualmente capacitaciones formales de manera más o menos permanente. Han construido salones de clase, dormitorios y han formado a cientos de personas. El Centro Amigos de la Naturaleza (CANA) continúa trabajando; funciona también el Centro de Agricultura Sostenible (CEAASO), la organización FAMA y Finca Los Abuelos, con una visión de proveedores de servicios técnicos.

CIDICCO sostiene una relación estrecha con cinco CEA que, en su opinión, han conservado vivas las ideas, el ejemplo y el compromiso de cultivar la Finca Humana. Éstos son: Finca El Paraíso, en Semane, Intibucá; Agricultores en Marcha, en Mejocote, Lempira; La Semilla del Progreso, en Siguatepeque; Desarrollo Agrícola Arrayanes, en Sabanagrande, Francisco Morazán y el Centro Nueva Vida, en Morocopay, de Nacaome, Valle. Este trabajo se desarrolla como parte del Programa de Formación en Agricultura Sostenible (PFAS) que ejecuta CIDICCO y que se fundamenta en dos pilares: el cultivo de la Finca Humana y la enseñanza de principios y prácticas de agricultura sostenible.

El PFAS inicia con un diagnóstico de necesidades en las comunidades de los grupos interesados en capacitarse en los CEA. La capacitación, que abarca de tres a cinco días, y una o dos visitas de seguimiento, consiste en dos o más módulos sobre formación humana, manejo del suelo y técnicas sostenibles de producción. Desde el

2000 a la fecha, el PFAS ha contribuido a la capacitación de 700 personas del área rural; de éstas, el 70% ha logrado ampliar su seguridad alimentaria de granos básicos de tres meses, antes de recibir la capacitación, a un 100% después[14]. De los participantes en este programa han surgido líderes comunitarios valiosos que ahora forman parte de las organizaciones locales, integran juntas directivas de cajas rurales o son regidores municipales.

Pero quizás el aporte más importante radica en cientos de contribuyentes anónimos al proceso educativo y formativo de Honduras, quienes son alumnos de primera, segunda o tercera generación de Elías Sánchez, dispersos por todo el país. Ellos y ellas no cuentan con edificaciones para capacitar de manera formal, pero sí cuentan con fincas productivas y modos de vida que inspiran a miles de agricultores y agricultoras que los visitan durante encuentros, giras educativas y capacitaciones específicas que auspician numerosas organizaciones no gubernamentales y gubernamentales de Honduras.

Ni la enfermedad que sufrió don Elías, ni el Mitch, ni su muerte, han logrado impedir que la Finca Humana siga proyectando luz e inspiración a quienes la hemos conocido y estamos convencidos de que es el eslabón perdido de los programas de capacitación y extensión técnica en nuestros países. Sólo la historia y los testimo-

---

14   Milton Flores Barahona. El Programa de Formación en Agricultura Sostenible, agosto de 2003.

nios de tanta gente pueden dar una idea aproximada de la enorme contribución que Elías Sánchez hizo al desarrollo de la gente pobre y de algunos profesionales del desarrollo.

Los CEA han surgido en las dos últimas décadas como importantes contribuyentes al mejoramiento agrícola rural en Honduras. Como red o individualmente, representan un movimiento de desarrollo de base que ofrece una alternativa de cambio personal, agrícola y comunitario. A diferencia de otras experiencias de desarrollo y de capacitación agrícola, el enfoque de la Finca Humana aborda aspectos culturales, sociales y psicológicos, que influyen en las decisiones agrícolas y ecológicas de los participantes.

La estrategia de agricultor-a-agricultor, el currículum, la realidad de los agricultores y el seguimiento, son determinantes para la transformación de las fincas humanas y físicas de quienes participan en los CEA. Estos aspectos facilitan el acercamiento, la participación y el abordaje adecuado de la problemática local, pues sustituye la relación unidireccional del técnico o del proyecto hacia los agricultores. El movimiento de los CEA ha dado lugar a iniciativas de gestión local que van desde la creación de cajas rurales, cooperativas, instalación de energía eléctrica, sistemas de agua, etc., hasta actividades en las escuelas.

No obstante, aún está por construirse la visión particular de Elías Sánchez de que los CEA sean centros locales que integren las facultades de desarrollo rural o de agricultura, y que apoyen el trabajo de los gobiernos municipales e instituciones de investigación, desarrollo o intercambio cultural. Esta visión incluye la creación de una universidad rural, a través de la cual se enseñen diferentes técnicas, además de las agrícolas. Así, sigue pendiente el reto de concretar convenios entre los alumnos de los CEA y las universidades para intercambiar saberes, promover la investigación y provocar encuentros comunitarios.

La desintegración de la Red de CEA denota la necesidad de fortalecer el funcionamiento interno de las redes, aun cuando, al disolverse, algunos CEA continuaron funcionando. Sin embargo, es más difícil que las experiencias aisladas de los CEA influyan en la esfera política. Por eso es preciso plantear el movimiento de los CEA como una alternativa para formular y fortalecer políticas de desarrollo rural sostenible, que respondan a la realidad rural del país.

Los CEA reflejan iniciativas y estrategias exitosas de cambio rápido, efectivo y sostenible a escala local, con un enfoque diferente para lograr desarrollo de base con el protagonismo de agricultores para agricultores. Lo anterior, sumado al bajo costo de los servicios de capacitación-extensión y a la influencia de la filosofía de la Finca Humana sobre aspectos personales, de relaciones familiares y comunitarias, son testimonio del legado de Elías Sánchez.

Don Elías «está presente», como lo dice la canción escrita por Felipe Benítez, uno de los seguidores de la Finca Humana:

Elías Sánchez «presente» lo dice toda la gente, el pueblo y todo Honduras, lo tiene en su memoria, porque él ayudaba mucho para nuestro desarrollo. Claro que sí compadre de la agricultura, muchas gracias damos a Dios por habernos permitido formar parte de su plan y servir de mayordomos en este planeta lindo, llamándola Madre Tierra[15].

---

15   Canción de Felipe Benítez.

Aprendizaje y cambio

Laura Suazo

En Honduras es común escuchar que los agricultores que recibieron capacitación de Elías Sánchez, o de alguno de sus discípulos, han obtenido cambios sobresalientes en el manejo de sus parcelas y en su comportamiento personal. El crédito se vincula con una motivación de los participantes para trabajar en el mejoramiento y la conservación del suelo, involucrarse en actividades comunitarias y, en casos excepcionales, establecer fincas modelo como entidades de enseñanza.

Si la Finca Humana fuese una doctrina, podría decirse que sus participantes asumen una actitud de cambio personal, colectivo y agrícola. Pero, ¿qué impulsa realmente dichos cambios?, ¿qué tipo de aprendizaje ocurre entre los participantes? y, ¿cuáles son los cambios más comunes en las fincas física y humana? Éstas son preguntas que el mismo Elías Sánchez se hacía y que dieron origen a mi tesis doctoral «La Finca Humana: Aprendizaje Transformador entre Agricultores de Laderas en Honduras», en la Universidad de Cornell[1], cuyos resultados resumo en la presente sección.

---

1   Laura Suazo-Gallardo, (2002). «The Human Farm: Transformative Learning Among Honduran Farmers». Unpublished Ph.D., Cornell University, Ithaca, New York.

El propósito de la investigación fue profundizar en el conocimiento sobre el proceso de aprendizaje transformador de pequeños agricultores de laderas expuestos a la Finca Humana en Honduras y, al mismo tiempo, identificar los cambios más comunes que resultaron como parte de la transformación de los agricultores. Los resultados del estudio de la Finca Humana revelan que los agricultores experimentan un proceso de aprendizaje transformador que provoca cambios en su realidad personal (su finca humana), lo cual transforma luego su realidad física (su finca física).

Como informantes clave, durante el estudio se entrevistaron veinte agricultores exitosos provenientes de nueve departamentos de Honduras. Los agricultores seleccionados recibieron capacitación basada en la filosofía de la Finca Humana de Elías Sánchez o de alguno de sus seguidores[2]. Como resultado, hicieron cambios no-

---

2　Trece de los veinte agricultores entrevistados fueron capacitados por Elías Sánchez; dos de ellos recibieron capacitación de Gregorio Vásquez, alumno de Elías, en Semane, Intibucá y que también fue entrevistado. Un agricultor recibió capacitación de Lázaro Wing, un extensionista de Visión Mundial, que vino de Guatemala a trabajar con Vecinos Mundiales en Honduras. Otro agricultor fue capacitado por Marcial López (otro estudiante de Elías Sánchez), extensionista de Vecinos Mundiales en Olancho y también informante en el estudio. Tres agricultores fueron capacitados por Laureano Jacobo, otro extensionista de Vecinos Mundiales, que emigró de Guatemala para ubicarse como maes-

tables en sus parcelas agrícolas y en su comportamiento personal (relaciones familiares y participación comunitaria). Algunos de los agricultores entrevistados manejan su propio Centro de Enseñanza-Aprendizaje (CEA) y otros enseñan en sus comunidades de manera menos formal.

Las historias de cambio se analizaron desde un enfoque interpretativo, donde las opiniones y percepciones de los informantes fueron la materia prima para el análisis. Cada respuesta fue grabada, transcrita y codificada de acuerdo a los temas principales, dando lugar a la identificación de 27 indicadores de cambio: 13 en la finca humana y 14 en la finca física. Para conocer la aplicabilidad de los indicadores, así como el desempeño del Programa de Formación en Agricultura Sostenible (PFAS) impulsado por CIDICCO y basado en las ideas de Elías Sánchez, el estudio realizó una encuesta de evaluación con 83 agricultores participantes del PFAS en la región occidental de Honduras.

Influenciados por la capacitación, los agricultores en este estudio perciben la «Finca Humana» como la persona, el ser humano o uno mismo quien, por medio de la capacitación, se desarrolla, califica, prepara, forma o se suple con conocimientos. Lo anterior, con el fin de cambiar la forma de pensar y comportarse, llegar a ser espiritual y demostrar amor a otros, mejorar los lazos familia-

---

tro de la Finca Humana y la agricultura orgánica en Honduras, con un centro en Siguatepeque.

res, compartir con otros y mejorar una finca física. Los agricultores se expresan sobre el concepto de Finca Humana en dos direcciones: Cambiar la manera de pensar y luego cambiar el comportamiento.

La mayoría de los agricultores entrevistados experimentaron una conciencia evolutiva donde descubren un potencial en ellos mismos como seres humanos, capaces de transformar su mundo. Esta visión de «cambiar la manera de pensar» se relaciona estrechamente con «reflexión crítica» la cual, de acuerdo con el educador de adultos Jack Mezirow, es una exploración de las suposiciones en las que basamos nuestras creencias[3]. La mayoría de los entrevistados señalaron que, antes de recibir la capacitación, ellos eran fatalistas, pues aceptaban sus condiciones de vida como parte de su destino. Claramente, muchos proyectos de desarrollo enfatizan en el suministro de asistencia técnica, pero fallan en motivar a la gente para liberarse del fatalismo y participar en su propio desarrollo.

La importancia que los agricultores hondureños dan a la experiencia de la capacitación, particularmente al proceso de cambiar su autoimagen y su visión sobre su potencial para mejorar, son congruentes con las experiencias de agricultores brasileños participantes en los círcu-

---

3   J. Mezirow. (1990). How Critical Reflection Triggers Transformative Learning. En J. Mezirow (Ed.), *Fostering Critical Reflection in Adulthood: A Guide to Transformative and Emancipatory Learning* (pp. 1-20). San Francisco: Jossey Bass Inc.

los de alfabetización reportados por Pablo Freire[4]. Según Freire, cada ser humano es capaz de analizar críticamente su mundo, en un encuentro de diálogo consigo mismo y con otros. Cuando se proveen las herramientas oportunas para tal encuentro, la persona percibe paulatinamente su realidad personal y social, así como las contradicciones, ganando conciencia de su propia percepción de la realidad.

Otra percepción de la Finca Humana se refiere a la dimensión espiritual, que se manifiesta como una mejor relación con Dios, sentimientos de amor hacia los demás y mayor participación religiosa, aspectos poco frecuentes en los trabajos de desarrollo comunitario. La espiritualidad, en el caso de los agricultores hondureños, es intrínseca a su realidad y central en sus decisiones acerca de su desarrollo. En la cultura lenca, la espiritualidad afecta decisiones sobre cuándo y cómo cultivar, y de participar o no en actividades de acción social[5].

La identificación del proceso de aprendizaje transformador se obtuvo a partir de la información de los cambios más importantes en la finca humana y en la finca física. Los participantes en la investigación identificaron cinco etapas en el proceso de aprendizaje, que comienzan con una experiencia en particular y continúan en se-

---

4   P. Freire. (1970). *Pedagogy of the Oppressed* (Myra Bergam Ramos, Trans.). New York, Continuum.

5   Ver K. Beek. (2000). Spirituality: *A Development Taboo. Development in Practice*, 10(1), 31-43.

cuencia, aunque los agricultores pueden regresar a las etapas previas durante el proceso. Las etapas son: 1) Identificación de laderas humanas o situaciones limitantes. 2) Examen de las percepciones de los agricultores (causas y razones). 3) Reflexión crítica de la validez de sus percepciones. 4) Adquisición de conocimiento y habilidades necesarias para transformar la situación limitante y, 5) Acción.

En la primera etapa, la *identificación de laderas humanas* (barreras), situaciones limitantes o dilemas, provoca reflexión. Los agricultores, antes de involucrarse en el aprendizaje de conocimientos, corrigen percepciones erróneas acerca de su potencial. Modesto Sánchez explica:

> Primero que todo es que yo aprendí a valorarme a mí mismo, segundo es que yo aprendí a valorar a otros y tercero, yo descubrí la naturaleza que me rodeaba y me di cuenta de lo que podía hacer con ella...»[6].

Así, en esta primera etapa del aprendizaje transformador, los agricultores abordan dilemas personales como baja autoestima, pesimismo, miedo al cambio, etc.

Seguidamente, los agricultores *examinan sus percepciones* (causas y efectos) de las laderas humanas o situaciones limitantes. Un ejemplo común fue el análisis de la

---

6   Entrevista con Modesto Sánchez en Moropocay, Nacaome, el 13 de febrero de 2001.

práctica de roza y quema. Muchos agricultores creyeron que esta práctica aumentaba la fertilidad del suelo, según lo plantearon sus antepasados. Un agricultor expresó: «Yo hice esto porque mi padre también lo hizo». Otro dijo: «Desde el tiempo de mis abuelos, yo he visto hacer la roza y quema antes de sembrar». Al examinar sus ideas, los agricultores reconocen causas y razones de su comportamiento y revisan cuidadosamente la justificación de sus creencias. En esta etapa analizan las causas históricas, sociales, psicológicas y culturales que influencian su pensamiento. A pesar de que están conscientes de la distorsión de sus ideas, no se involucran en una reflexión crítica debido a que su cuestionamiento es aún vago.

En la tercera etapa ocurre una *reflexión crítica de la validez de sus percepciones*. Los agricultores experimentan una nueva conciencia basada en el pensamiento y sentimiento reflexivo de las percepciones sobre un problema. Gregorio Vásquez, de Semane, Intibucá, explica esta etapa cuando comparte:

> Bueno, yo descubrí por ejemplo que yo era pobre, y me di cuenta que si no dejaba los malos vicios, me iba a arruinar... luego, comencé a pensar y me dije: 'Si yo no dejo estas cosas, voy a sufrir más'. Por esta razón yo pensé que cualquier problema puede pasar en la vida cuando uno tiene malos hábitos...[7]

---

7   Entrevista con Gregorio Vásquez en Semane, Intibucá, el 6 de diciembre de 2000.

Katie Smith Milway

La reflexión crítica de las ideas es esencial para transformar la situación limitante. Aunque algunos agricultores han recibido capacitaciones previas, la mayoría carece de experiencias de reflexión crítica que les permita analizar las causas y razones de sus percepciones.

La capacitación tradicional contempla, inicialmente, la adquisición de conocimientos y habilidades, mientras que en la Finca Humana esta afluencia de conocimientos e información ocurre después que los agricultores analizan su situación críticamente. En esta etapa la información se provee demostrando su uso en la práctica, en lugar de enfatizar en los fundamentos científicos. Esta nueva información sirve para corregir percepciones erróneas sobre cualquier tema en particular. Tobías Gutiérrez, de Llano Grande, Intibucá, expresa que, antes de la capacitación, usaba información errónea para construir curvas a nivel:

> Cuando yo oía por la radio de curvas a nivel así, decía yo: ¿cómo será eso de curvas a nivel? Cuando ya vi una en un papel, dije: qué bonito se miran las curvas. Y dije: esto es fácil, poniéndose. No se puede ver sólo en el papel, se puede ver en el terreno. Una vez dije lo voy a hacer así. Yo tiraba las líneas rectas, porque como uno a veces no sabe; yo estaba como dormido, porque no sabía cómo hacerlo. Después, cuando llegamos a aprender cómo se hacen las curvas a nivel, entonces empecé… Pero claro, yo hice el trazo de las curvas a nivel ya con las distancias, pero sin toma de

pendiente. Las hice así a mi gusto y me dije: aquí voy a poner una, allá voy a poner la otra. Nosotros empezábamos al revés, ahora ya empezamos diferente[8].

La última etapa en el proceso de aprendizaje reportado por los agricultores, se refiere a la modificación con *acción* de las percepciones erróneas. En este estudio, actuar se relaciona directamente con hacer cambios. La acción comienza durante la capacitación, pero continúa cuando los agricultores regresan a sus hogares. En el ámbito de la Finca Humana los agricultores comienzan a cambiar su autoimagen, a construir autoconfianza durante la capacitación, antes de actuar en la Finca Física. Los veinte agricultores entrevistados y el 92% de los participantes del PFAS encuestados reportan que los cambios ocurren primero en su Finca Humana y luego en su Finca Física.

Los agricultores revelaron cambios en la Finca Humana que se relacionan con su persona, no solamente en forma individual, sino que en relación con otros, como miembros de la familia, parientes y vecinos de la comunidad. Algunas de las percepciones que los agricultores cambiaron en el ámbito personal se refieren a su autoimagen: fatalismo, alcoholismo, machismo y falta de espiritualidad. También reportaron aspectos relacionados con el ámbito del hogar como la relación familiar, condi-

---

8   Entrevista con Tobías Gutiérrez en Intibucá, el 20 de diciembre de 2000.

ciones de vivienda, administración del dinero, educación formal y nutrición. Mientras que en el entorno de la comunidad, abordaron aspectos de participación comunitaria, relación con parientes y vecinos y comportamiento espiritual y religioso. El cuadro 1 resume los indicadores de cambio en la finca humana y el porcentaje de frecuencia de cada indicador desarrollado con los veinte agricultores exitosos.

CUADRO 1		
INDICADORES DE CAMBIO EN LA FINCA HUMANA		
No. Indicador de cambio en la finca humana	# de agricultores reportando indicador	% de agricultores
1 Relaciones familiares	20	100
2 Participación comunitaria	19	95
3 Relación con parientes y vecinos	17	85
4 Compartir con otros	17	85
5 Comportamiento espiritual y religioso	15	75
6 Pensamiento positivo	13	65
7 Autoconfianza	13	65
8 Nutrición	13	65
9 Vivienda e higiene del hogar	11	55
10 Alcoholismo	10	50
11 Educación formal	8	40
12 Machismo	7	35
13 Manejo del dinero	7	35

Los primeros cuatro indicadores giran en torno al agricultor y su relación con otros. El cambio más común fue una *mejoría en las relaciones familiares*, especialmente en aspectos de comunicación, toma de decisiones, respeto, participación y las formas de relacionarse con los demás. Sobre este cambio, los agricultores mencionaron «ahora tengo una mejor relación con mi esposa»; «ahora me relaciono mejor con mis hijos»; «nosotros trabajamos juntos como una familia»; «nosotros planeamos el número de hijos que queremos tener»; «ahora nosotros tenemos mejor comunicación familiar».

En cuanto a su *participación comunitaria,* el 95% de entrevistados explicó tener mayor participación en proyectos de agua y electricidad, la creación o la afiliación a grupos cooperativos, bancos comunales, asociaciones agrícolas, sociedad de padres de familia y grupos ambientales. *Compartir con otros* y mejorar la *relación con parientes y amigos* fueron cambios reportados por 17 agricultores. Don Francisco Núñez comparte un ejemplo de este cambio:

> Bueno, al principio era un poco orgulloso con la gente. No me gustaba mucho andar con la gente. Es decir, algunas cosas que a mí no me gustaban, como ir a las reuniones. Me gustaba participar así en conseguir obras con la comunidad, pero era un poco orgulloso. Después, cuando vino Vecinos Mundiales, yo entré a capacitación y algunas cosas me las hicieron cambiar y otras no... Una de las cosas que cambié es que ya no

> me gustaba andar en política, no me gusta andar arma-
> do, me gusta respetar a las demás personas, como la
> gente mayor; quiero mucho a los niños y a la familia,
> ahora ayudo a las demás personas y siempre visito a
> los enfermos. Cuando hay un problema de una perso-
> na, yo estoy allí. Otros cambios es que ahora me gusta
> hablarle a la gente. Ahora me gusta congregarme en la
> iglesia[9].

A pesar de que en la finca humana se hace énfasis limitado en aspectos religiosos (ejemplos usando citas bíblicas), quince (75%) agricultores confesaron haber establecido una mejor relación con Dios y que su *espiritualidad y comportamiento religioso* mejoró como resultado de la capacitación. Este cambio particular provoca la pregunta: ¿La práctica del desarrollo debe promover espiritualidad y comportamiento religioso en los participantes de un programa? Es notable que, a través de la reflexión crítica, los agricultores desarrollan un nuevo concepto de su pobreza en relación con su percepción sobre Dios. Antes de asistir a las capacitaciones era muy común que los agricultores consideraran su pobreza como «la voluntad de Dios». Si eran pobres es porque «lo merecían», «o porque fue un mandato de Dios». Por tanto, ellos debían aceptar su condición de pobreza económica con resignación.

---

9   Entrevista con Francisco Núñez en Santa Cruz, El Paraíso, el 8 de febrero de 2001.

Dos indicadores relacionados entre sí son: *pensamiento positivo* y *autoconfianza*. El primero apunta a cambiar la forma fatalista de pensar por una positiva. La mayoría reconoció indirectamente este cambio. Sin embargo, solamente 13 de los 20 entrevistados (65%) lo reportaron como muy influyente en su proceso de transformación general. Concepción Lorenzo, un agricultor capacitado por Laureano Jacobo, expresa:

> Yo he cambiado mi manera de pensar. Ahora observo que muchos agricultores dicen: «Si Dios me dejó pobre, yo voy a terminar pobre». Ahora yo creo que Dios no nos dejó pobres, Dios nos dejó ricos. Por ejemplo, Dios nos dejó el cerebro, las manos y los pies para caminar... nosotros no somos pobres, nosotros somos ricos en pensamientos, con los cinco sentidos y el cerebro. Nuestra pobreza es que nosotros no queremos trabajar... yo creo que nosotros no somos pobres[10].

La *autoconfianza* se reportó como un cambio en la creencia de sus propias habilidades y el reconocimiento de tener el poder para alcanzar su bienestar. En su testimonio, Modesto Sánchez explicó:

> En primer lugar, he aprendido a valorarme a mí mismo... el cambio más importante es que he valorado

---

10   Entrevista con Concepción Lorenzo, Miratoro, Santa María, La Paz, el 23 de febrero de 2001.

mi persona. El «yo» personal, el «yo» psicológico, el «yo» moral. Es un principio básico creer en uno mismo[11].

Por otra parte, tres indicadores que se relacionan con el mejoramiento de la parte física de la persona son: mejorar la nutrición, mejorar la vivienda e higiene y dejar el alcoholismo. El aumento en la producción y productividad no garantiza una mejoría en la nutrición familiar. Con frecuencia, se observan agricultores innovadores en el aspecto técnico, con excelentes milpas y huertos, pero con sus hijos desnutridos. Trece (65%) de los agricultores reportaron que, después de la capacitación, ellos y sus familias mejoraron su alimentación, porque diversificaron su producción o decidieron agregar vegetales y frutas a la dieta de maíz y frijoles. A la vez, once (55%) reportaron mejoría en la vivienda e higiene del hogar. Este cambio incluyó la instalación de letrinas, reservorios de agua, construcción de estufas mejoradas, construcción de habitaciones, pisos de cemento y muebles, construcción y reconstrucción de sus viviendas y mejores hábitos de limpieza. De los entrevistados, la mitad explicó que dejó el alcoholismo después de analizar las causas y consecuencias de esta práctica.

El cambio *educación formal* se refiere a la continuación de estudios formales, motivados por la capacitación. El 40% (8) de los veinte agricultores exitosos informaron

---

11   Entrevista con Modesto Sánchez, Nacaome, Valle el 13 de febrero de 2001.

que se matricularon en programas de alfabetización o continuaron estudios de educación formal. Se adiciona que la mayoría reportó haber asegurado la educación formal de sus hijos. Moisés Rodríguez, del Mejocote, en Gracias, Lempira, comparte este cambio:

> Nosotros hemos logrado en la finca humana que la familia no debe permanecer sin saber escribir y leer. Todos mis hijos han finalizado la escuela primaria, tres de ellos aprendieron oficios y una de mis hijas se gradúa este año como Bachiller en Administración[12].

Un sorprendente indicador de cambio, reportado por siete agricultores, fue la *disminución del machismo*. El agricultor Felipe Benítez, quien asistió a la capacitación con su esposa María Gertrudis Vásquez de Santa Elena, La Paz, ilustra este cambio:

> Otra de las cuestiones que he aprendido es que antes a la mujer no se le daba mucha participación, no se le valoraba mucho. Había un machismo en los hombres. Inclusive nuestros padres se criaron en un sistema machista y yo desde pequeño iba aprendiendo. Pero al iniciar las capacitaciones, yo fui aprendiendo que así no era la manera de vivir. He aprendido a través de las capacitaciones que ese machismo de que puede más el

---

12 Entrevista con Moisés Rodríguez, en Gracias, Lempira, el 13 de noviembre de 2000.

hombre, que la mujer puede menos, no es correcto.
Otra de las cuestiones que he aprendido de lo que es la
Finca Humana es que no hay diferencia entre ser hombre y ser mujer, en lo relacionado a los trabajos de
cocina o trabajos de campo. Esa cuestión es algo que
se puede hacer rotatoria y lo podemos hacer todos[13].

El último, pero no menos importante de los cambios
reportados en la finca humana se refiere al *manejo del
dinero*. Siete agricultores (35%) señalaron que después de
la capacitación obtuvieron mejores rendimientos y ma-
nejaron mejor su dinero. Para algunos, este cambio está
determinado por el cambio de dejar el alcoholismo. El
dinero que antes gastaban en bebidas alcohólicas, lo usan
ahora para satisfacer necesidades básicas.

En este estudio, los agricultores han revelado trece
aspectos que, por lo general, no son metas comunes en
los esfuerzos de desarrollo agrícola. Los temas, que también pueden relacionarse con el capital social y humano
de los productores, muestran la importancia de resolver
aspectos humanos para avanzar hacia la transformación.
Asimismo, los veinte entrevistados señalaron que los
cambios que han experimentado ocurren primero en la
persona, después en el entorno familiar, luego en la parcela agrícola y, finalmente, en la esfera comunitaria.

---

13 Entrevista con Felipe Benítez en Santa Elena, La Paz, el 8 de
marzo de 2001.

Los entrevistados también reportaron catorce indicadores de cambio en la finca física, que denotan la adopción de una agricultura sostenible y ecológica. El siguiente cuadro resume los indicadores de cambio en la finca física.

CUADRO 2		
INDICADORES DE CAMBIO EN LA FINCA FÍSICA		
No.	Indicadores de cambio en la finca física	# de agricultores reportando indicador	% de agricultores
1	Conservación de suelos	20	100
2	Agricultura orgánica	20	100
3	Producción de hortalizas y vegetales	20	100
4	Rendimiento en maíz	19	95
5	Cultivos de cobertura	19	95
6	Diversificación de cultivos	19	95
7	Agroforestería	18	90
8	Pesticidas químicos	18	90
9	Descombrado (agricultura migratoria)	17	85
10	Roza y quema	16	80
11	Producción de frutales	14	70
12	Pesticidas naturales	11	55
13	Protección de la fauna	7	35
14	Plantas medicinales	7	35

El cambio *conservación de suelos*, reportado por todos los entrevistados, se refiere a la adopción de diferentes técnicas para prevenir la erosión, a lo que don Elías llamaba la retención y enriquecimiento del cuerpo del suelo. La adopción de tecnologías para la conservación de suelos es el primer cambio que realizan los agricultores después de experimentar los cambios en su Finca Humana. Algunas de las técnicas más comunes son: labranza mínima, curvas a nivel, zanjas de drenaje, terrazas, muros de piedra y barreras vivas de pasto y arbustos.

La capacitación basada en la Finca Humana promueve la protección del sistema ecológico a través del uso racional de los recursos naturales; los agricultores explican la *agricultura orgánica* como fertilizar con productos naturales. Entre las técnicas agrícolas reportadas como parte de este cambio, se encuentran el uso de estiércol de ganado, gallinaza, cenizas y lombrices de tierra, la construcción de aboneras de basura, rastrojos de maíz y sorgo, y residuos de plantas mezclados con cenizas y estiércol.

La mayoría de los agricultores, antes de exponerse a la capacitación, son agricultores tradicionales de maíz y frijol. Con el mejoramiento del suelo y la adopción de tecnologías de conservación, especialmente siembra en terrazas y labranza mínima, surge la producción de vegetales.

Diecinueve productores reportaron que sus *rendimientos de maíz* aumentaron como resultado de la capacitación. Asimismo, diecinueve productores (95%) mencionaron haber adoptado diferentes variedades de cultivos de cobertura; la más común es *Mucuna* sp., conocida como frijol terciopelo. Otro de los cambios reportados es la *diversificación de cultivos*. El 95% agregó, al tradicional cultivo de granos básicos, el cultivo de vegetales y frutales. Algunos agricultores buscaron, en la *diversificación de cultivos*, una mejoría en la nutrición familiar y otros lo hicieron con propósitos comerciales. A la vez, dieciocho agricultores reportaron practicar la *agroforestería* después de la capacitación. Por ejemplo, ahora cultivan vegetales, granos básicos y café debajo de árboles maderables y frutales. Igual número informó haber abandonado el uso de *plaguicidas químicos*. La mayoría de los agricultores que recibieron capacitación directa de don Elías Sánchez demostraron mayor rechazo hacia el uso de pesticidas químicos, mientras que otros lo disminuyeron.

Una práctica común de los agricultores de laderas en Honduras, ha sido el *descombrado* con el propósito de limpiar el terreno para cultivar granos básicos y, en menor cantidad, otros cultivos como plátano, café y yuca. Durante este estudio, algunos explicaron que ellos limpiaban el terreno y lo cultivaban por tres a cuatro años; luego lo dejaban en descanso para buscar otro terreno. Los diecisiete agricultores que reportaron este cambio (85%) reconocieron que la capacitación les ayudó a descubrir que es más beneficioso practicar la agroforestería y sembrar cultivos de cobertura en el mismo pedazo de tierra. La ganancia fue que no tuvieron que emigrar.

Antes de la capacitación, *la roza y quema* era una práctica agrícola tradicional para algunos de los entrevistados, quienes acostumbraban rozar y quemar la vegetación para preparar la tierra para el siguiente cultivo. Como parte de esta práctica, también cortaban arbustos y, en algunos casos, árboles grandes y medianos. Solamente dieciséis (80 %) reportaron este cambio, mientras que los demás explicaron que ya no realizaban la práctica desde antes de la capacitación.

Catorce agricultores (70%) manifestaron haber incrementado el número de árboles *frutales* y haber introducido nuevas especies para mejorar su nutrición familiar. Tres de ellos reportaron propósitos comerciales en esta actividad. En lo relacionado al uso de *pesticidas químicos*, once (55%) reportaron abandono o disminución en su uso. Otro cambio se refiere a la *protección animal o de la fauna*, reportado por siete (35%) de los entrevistados. Igual número de agricultores indicó iniciar o continuar con el cultivo de *plantas medicinales*.

En resumen, los productores reportaron estos catorce cambios en la finca física como resultado directo de la capacitación. La finca humana y la finca física son dos dimensiones inseparables de la realidad de los agricultores que interactúan continuamente, aunque se encontró que en el proceso, los cambios ocurren primero en la persona y luego en la parcela. Tal y como lo manifestó don Elías Sánchez, el problema radica en cómo la gente piensa, no en cómo cultiva. Por tanto, los esfuerzos para mejorar la agricultura deben comenzar con los agricultores, no con los terrenos.

Este estudio sugiere que el desarrollo agrícola es más sostenible cuando los agricultores desarrollan primero nuevas formas de pensamiento antes de enfocarse en la adopción de nuevas prácticas. También confirma la necesidad de que los educadores y los trabajadores del desarrollo faciliten reflexión crítica como el punto de partida para la transformación, en lugar de dedicarse exclusivamente a transferir tecnologías.

La Filosofía de la Finca Humana surge como un modelo alternativo de desarrollo comunitario, basado en la capacitación con reflexión crítica entre pequeños productores. No obstante, la ausencia de enfoques de desarrollo centrados en la gente y la falta de incorporación de teorías de aprendizaje de adultos en el trabajo del desarrollo, son factores que contribuyen a los pobres resultados de los esfuerzos en la región. Así, muchos programas de desarrollo agrícola fallan en promover la transformación personal y social, al negar a los agricultores la oportunidad de reflexionar críticamente sobre su problemática.

La Finca Humana: una propuesta de desarrollo

Comité editorial [1]

El legado de Elías Sánchez es, en esencia, una propuesta de desarrollo que incluye dos elementos básicos: la finca humana, vista como la persona, el ser, el individuo en su contexto (capital humano) y la finca física, o sea la parcela y el entorno (capital físico y natural).

Lo más importante de esta propuesta es el reconocimiento de la persona humana como el punto de partida para promover y realizar cambios en los espacios familiar y comunitario. El desarrollo integral y sostenible sólo es posible cuando se conjugan cambios en las formas de pensar y actuar de las personas (la finca humana) con el desarrollo de habilidades técnicas y el consiguiente aumento en la producción de bienes y servicios (la finca física). Y estos cambios se traducen en un aumento de los niveles de bienestar familiar y comunitario.

Lo que subyace en la propuesta de don Elías es que, el secreto para salir de la pobreza, está en el ser humano y sus potencialidades, más que en proveer bienes y servicios, sistemas, tecnologías y acceso a mercados o políticas. Estos recursos se vuelven inadecuados e insuficientes, o se corrompen, cuando las personas no están prepa-

---

1 Laura Suazo, Margoth Andrews, Raúl Zelaya, Carlos Vigil, Mario Ardón y Milton Flores.

radas para aprovecharlos en beneficio propio y de la colectividad. La persona humana, debidamente preparada con conocimientos, afectos, destrezas y habilidades, es capaz de ayudarse a sí misma y a la colectividad, aprovechando las oportunidades de su entorno.

Existen atributos humanos que son irremplazables en la lucha contra la pobreza. Por ejemplo la autoestima, una mentalidad positiva y valores morales y espirituales. Por eso, el concepto de Finca Humana privilegia la edificación de estos atributos, como un primer paso en el proceso de desarrollo. Desde esta perspectiva el desarrollo implica, además de transformación agrícola, transformación social y espiritual en una unidad integradora.

En este capítulo se reconoce que el desarrollo debe dejar de ser algo que hacemos *por* los demás, sino *con* los demás. Esto lleva a considerar que, los valores morales, espirituales, actitudes y percepciones de las personas —tanto de las que trabajan en el acompañamiento de procesos de desarrollo, como de los sujetos del mismo— deben articularse con un mayor compromiso por parte de ambos. En esta búsqueda, la articulación en torno al agua, el suelo, el bosque, el conocimiento, e incluso el "mercado", es válida para la búsqueda del desarrollo individual, familiar, local, regional y nacional.

La Finca Humana, como una propuesta integrada e integradora, promueve un cambio fundamental en la manera de percibirnos a nosotros mismos y a los demás. No sólo facilita la adquisición de conocimientos y adopción de tecnologías, sino que provoca cambios de actitudes y comportamientos que fomentan la creatividad y la conciencia de compromiso para la búsqueda del bien común. Esta perspectiva de desarrollo permite a la gente una participación sustantiva, creativa y disciplinada en la generación, desarrollo, acceso al conocimiento y su aplicación.

Las historias de cambio de quienes han abrazado la causa de la Finca Humana revelan la importancia de identificar las laderas humanas, revisar paradigmas, reflexionar críticamente sobre la validez de las percepciones, cambiar de perspectivas, y adquirir conocimientos y habilidades para promover cambios en una situación de desventaja social y económica. Los alumnos y seguidores de Elías Sánchez invitan a investigadores, profesionales, practicantes del desarrollo, académicos, donantes, personal del gobierno y hacedores de políticas, a reconocer que, antes de tomar decisiones relacionadas con el mejoramiento de las fincas, es prioritario corregir las percepciones acerca de aspectos personales como la autoimagen y el fatalismo.

La Finca Humana es una manera sintetizada y sencilla de llevar estos principios a la gente marginada, postergada y sin fe en sí misma; pero, también, es una ruta para adentrarse en un mundo de mejoría constante para profesionales, empresarios y académicos. Y, como toda finca productiva, evoluciona y se enriquece con nuevas ideas y concepciones.

El aprendizaje transformador de la Finca Humana es también una campanada para retomar, valorizar, potenciar y canalizar la contribución de la población campesina al desarrollo económico de la nación. Este caudal de potencialidad ha buscado abrirse paso entre los movimientos de cambio y las múltiples iniciativas que surgen de la cooperación internacional, la academia y los centros de investigación. En años recientes, han surgido vertientes como el programa de Campesino a Campesino, los CEA, las ECA y los CIAL, que incorporan muchos elementos de la finca humana. Estos movimientos han impulsado procesos de extensión, generación de tecnologías, investigación participativa, manejo de recursos naturales, etc., pero se han quedado cortos en cuanto a promover cambios que trasciendan el ámbito individual y familiar.

Para que no pierdan su vigencia, estos movimientos deben integrarse al desarrollo comunitario, a las organizaciones de base y potenciar su contribución. Deben revitalizarse e ir más allá de servir como modelos utilitarios para convertirse en motores del desarrollo. El siguiente ejemplo es muy ilustrativo.

La proyección comunitaria
del CEA Nueva Vida

Don Modesto Sánchez ha sido uno de los campesinos que más de cerca y por más tiempo trabajó con don Elías. Aunque lleva su mismo apellido, no son parientes. Modesto, además de ser alumno de don Elías, fue uno de sus instructores asistentes para numerosos grupos que llegaron a Loma Linda. Don Elías estimuló a Modesto para que trabajara como promotor de Visión Mundial. Desde ahí, se dio a conocer en la región sur de Honduras.

Modesto vive actualmente en una comunidad pequeña llamada Potrerillos, en la aldea Moropocay, departamento de Valle. Esta región es una de las más ardientes del país. En abril, la temperatura durante el día llega fácilmente a los 40 grados centígrados. Por eso Modesto comenzó a sembrar árboles alrededor de su casa. El cuidado de los árboles parece ser una devoción para él. Dejó que la naturaleza hiciera su trabajo y, en poco tiempo, las laderas pedregosas de su finca se cubrieron de árboles. Inspirado por Elías, decidió llamar a su finca Centro Nueva Vida. Ahí ha recibido a decenas de visitantes enviados por organizaciones de desarrollo que lo conocen y confían en él.

Pero el trabajo de Modesto no se quedó en su finca. Durante muchos años intentó, sin mayores resultados, convencer a sus vecinos de organizarse y comenzar un proceso de desarrollo comunitario. Con mucho esfuerzo y junto con otras personas interesadas, hace unos cinco años organizaron la cooperativa Luz y Esfuerzo, con el apoyo económico de un programa de la Secretaría de Agricultura. Sin embargo, la insuficiente capacitación administrativa los hizo tomar malas decisiones económicas, como prestar dinero sin garantía a sus miembros. Muchos no honraron sus deudas y la cooperativa entró en bancarrota. Modesto fue clave en motivar a sus compañeros a hacer una reestructuración, sacando del grupo a todos los que habían quedado mal y a quienes no estuviesen dispuestos a acogerse a un reglamente que ellos elaborarían.

En ese tiempo CIDI-CCO, con el apoyo de HEKS,

comenzó en la región el programa de Formación en Agricultura Sostenible y estableció una alianza con Modesto y su CEA Vida Nueva. Los objetivos serían la formación humana y la capacitación técnica de agricultores con los principios de la Finca Humana. También empezar un programa piloto, denominado Fondo Solidario para el Fortalecimiento de la Economía Familiar, que se proponía entregar recursos económicos a grupos organizados de personas pobres, debidamente capacitados en el manejo de fondos. Modesto fue clave en la selección de comunidades muy pobres de la región.

Durante 2002 y 2003, más de 150 personas de comunidades aledañas a Moropocay recibieron talleres de tres días en el CEA Vida Nueva. Como resultado de ese esfuerzo, Modesto animó a la gente de cuatro comunidades a organizarse como grupos solidarios de ahorro y crédito, incluyendo la misma comunidad de Potrerillos, donde vive Modesto, y que no había podido animar en el pasado. Estos grupos recibieron un fondo semilla de parte de CIDICCO, con el cual iniciaron un programa de ahorro y crédito. El éxito conseguido por estas cajas rurales ha sido extraordinario, desde la perspectiva de las comunidades.

Pero el trabajo de Modesto no se ha quedado ahí. Él está convencido que las cajas deben operar en legal y debida forma. Por eso aboga porque las cajas se acojan bajo la sombrilla legal de la Unión Nacional de Campesinos (UNC) y lo está logrando. Tres de las cuatro cajas cuentan ya con su personería jurídica y otra

la está tramitando. Esta articulación con instancias de representatividad nacional, les ha abierto nuevos horizontes. Por ejemplo, gracias a un programa de la UNC, la gente de la caja Agricultores en Marcha plantó 4500 plantas de marañón en 23 manzanas (unas 16 ha) de tierras de traspatio y cercas de terrenos. El programa de la UNC incluía una compensación por cada árbol sembrado. Un día, inesperadamente, convocaron a los miembros de la Caja para recibir la compensación; cada agricultor recibió alrededor de L.500 (en la actualidad unos $27.00) que representaban el equivalente de 10 a 12 días de jornales en la zona.

Actualmente, Modesto impulsa la idea de que las cajas tengan un fondo para apoyar a jóvenes que deseen estudiar. En el 2004, la caja

Agricultores en Marcha ha apoyado a cuatro jóvenes de la comunidad para que realicen un curso sobre balconería y soldadura en el Instituto Nacional de Formación Profesional. Los han dotado de bicicletas para transportarse desde Potrerillos hasta San Lorenzo, un trayecto que les toma tres horas diarias. Los jóvenes han firmado un acuerdo con la Caja para mantenerse en el curso, darle mantenimiento a las bicicletas y devolverlas o comprarlas al finalizar el curso.

La finca humana de Modesto se renueva cada día. Para él es claro que ésta debe trascender y tener un impacto concreto visible en la vida de la gente. Para eso es necesario articularse, incorporarse activamente, hasta influir positivamente en el quehacer de las organizaciones comunitarias.

¿Cómo podemos contribuir a la Finca Humana?

Todos podemos contribuir y beneficiarnos de las acciones de desarrollo de la Finca Humana. Las reflexiones que se plantean en este capítulo aportan estrategias conceptos y lecciones, que podemos hacer viables desde nuestros centros de trabajo.

Para mí personalmente: Es importante entender que la Finca Humana es un proceso que comienza internamente, en el corazón y el cerebro. Una verdadera empresa comienza con la motivación interna y el conocimiento se manifiesta en hechos que se inspiran en el deseo y el compromiso de hacer. Una vez que la finca humana fructifica, la cosecha sostenible de la finca física está garantizada.

Para los promotores de la Finca Humana: Los cambios perdurables son aquellos que se manifiestan en el comportamiento de los seres humanos. Debemos ir más allá de promover cambios superficiales en las fincas rurales; debemos buscar los cambios profundos en la naturaleza humana, que lleven a su vez los cambios físicos a las fincas. Adicionalmente, los cambios en el comportamiento sólo se promueven si uno cambia su propio comportamiento.

Para los que toman decisiones y apoyan financieramente: Si hemos de apoyar la Finca Humana, esto debe reflejarse en nuestras estrategias de proyectos y programas. Si creemos que el concepto de la Finca Humana es valedero, debemos cambiar la manera de planificar, programar y definir el apoyo financiero de nuestros proyectos. Es importante considerar lo siguiente:

- El proceso de la Finca Humana es de largo plazo, pues los cambios en la naturaleza humana se manifiestan en el devenir del tiempo. Sin embargo, sólo estos cambios pueden garantizar la eficiencia de nuestras intervenciones.
- El proceso de la Finca Humana debe plasmarse en toda la cadena de intervención; la Finca Humana se cultiva desde la base, a través de promotores y

técnicos, hasta los que toman decisiones y dirigen los procesos de desarrollo.

- El monitoreo y evaluación del comportamiento humano es tan importante como el monitoreo de los productos físicos de los procesos de desarrollo. Esto es un reto crucial, ya que es más fácil medir productos que cambios en el comportamiento de las personas.

Para los que investigan y educan: Debemos buscar indicadores que midan en forma justa las bondades de la Finca Humana. La dificultad para medir cambios en el comportamiento humano afecta nuestra capacidad de medir objetivamente los frutos de la Finca Humana; por tanto, terminamos por no darle la importancia que merece dentro de los programas de desarrollo. Como educadores debemos esforzarnos porque los principios de la Finca Humana formen parte del currículum formativo de los jóvenes, particularmente de quienes estudian carreras relacionadas con el desarrollo.

Convencidos de que la Finca Humana es una propuesta válida, es imperativo revitalizarla y enriquecerla para que la cosecha de don Elías perdure, hasta convertirse en la opción de los que anhelamos un futuro más promisorio para nuestros pueblos.

Bibliografía de *La Finca Humana*

PUBLICACIONES

Anderson, Mary y Peter Woodrow: *Rising from the Ashes: Development Strategies in Times of Disaster.* Boulder Westview Press, 1989.

Barry, Tom y Deborah Preusch: *The Central American Fact Book*, Grove Press, Nueva York, 1986.

Berry, Wendell: *The Gift of Good Land*, North Point Press, San Francisco, 1981.

Bunch, Roland: *Two Ears of Corn: A People-Based Approach to Agricultural Improvement,* World Neighbors, Ciudad de Oklahoma, 1984.

EAP: *Escuela Agrícola Panamericana 1991-1992 Annual Report*, Lithopress, Tegucigalpa, 1992.

EAP: *Zamorano, 50 Years*, Tegucigalpa, 1992.

Forss, Kim: *Planning and Evaluation on Aid Organizations*, Economic Research Institute, Estocolmo, 1985.

Fukuoka Masanobu*: The One-Straw Revolution: An Introduction to Natural Farming,* Rodale Press, Emmaus, Pa, 1978.

Gálvez, G., M. Colindres, T. M. González y J.C Castaldi: «Honduras: Caracterización de los productores de granos básicos». *Temas de seguridad alimentaria* No. 7, CADESCA, Ciudad de Panamá, 1990.

Honduras, Agenda Ambiental 1992, Graficentro Editores, Tegucigalpa, 1992.

Kaimowitz, David, David Erazo, Moisés Mejía y Aminta Navarro: *Las Organizaciones Privadas de Desarrollo y la Transferencia de Tecnología en el Agro Hondureño*, FOPRIDEH/IICA, Tegucigalpa, marzo de 1992.

Korten, David C.: *Getting to the 21st Century: Voluntary Action and the Global Agenda*, Kumarian Press, West Hartford, Conn, 1990.

Licenciatura en Sociología, CUEG-UNAH: *Puntos de Vista: Revista de Análisis Político y Social,* No. 5, CEDOH, Tegucigalpa, julio de 1992.

Pino, Hugo y Andrew Thorpe: *Honduras: El Ajuste Estructural y la Reforma Agraria*, POSCAE-UNAH, Tegucigalpa, 1992.

Posas, Mario: *El movimiento campesino hondureño*, Editorial Guaymuras, Tegucigalpa, 1982.

Schlesinger, Stephen y Stephen Kinzer: *Bitter Fruit: The Untold Story of the American Coup in Guatemala,* Doubleday, Nueva York, 1982.

Smith, Katie y Tetsunao Yamamori, ed.*: Growing Our Future: Food Security and the Environment,* Kumarian Press, West Hartford, Conn., 1992.

Thorpe, Andy: «América Central no puede tener democracia con hambre: Las políticas de la reforma agraria en Honduras antes de 1982», *Documentos de Trabajo*, No. 3, POSCAE-UNAH, Tegucigalpa, mayo de 1991.

UNICEF: *Children in Honduras*, Dixon Print, Guatemala, 1990.

Entrevistas, Honduras 1992

Personal de ONG

Rolando Bunch, director de COSECHA/Honduras, Valle de Ángeles.

Miriam Dagen, representante para México, Centroamérica y el Caribe, Vecinos Mundiales, Tegucigalpa.

Wilmer Dagen, cofundador de MOPAWI, Tegucigalpa.

Rafael Díaz, director de Vecinos Mundiales, Tegucigalpa.

Milton Flores, director de CIDICCO, Tegucigalpa.

Loral Patchen, voluntaria del Cuerpo de Paz, Intibucá.

Daniel Romero, Asociación de Instituciones Evangélicas de Honduras, San Pedro Sula.

Francisco Salinas, director de proyectos agrícolas, CRS, Tegucigalpa.

Carlos Zelaya, FAO, Tegucigalpa.

Raúl Zelaya, Patricia Cruz, Laura Suazo y Ernesto Palacios, Programa de Desarrollo Rural, Escuela Agrícola Panamericana, Zamorano.

Roberto Zepeda, extensionista de CIDICCO, El Jute.

Funcionarios gubernamentales

Luis Álvarez, coordinador técnico nacional de la Secretaría de Recursos Naturales.

Alfredo Landaverde, ex diputado, consultor para Ley de Modernización Agrícola.

David Leonard, asesor en tecnologías agrícolas en ladera, proyecto LUPE.

Funcionarios de la USAID
Vincent Cusumano, director comisionado de la Oficina de Desarrollo Rural.

Margaret Harritt, oficial de Programa para Medioambiente.

Rafael Rosario, director de la División de Recursos Naturales y Ambiente.

Granja Loma Linda
Marcos Aguilar, alumno, Lempira.

Walter Alvarenga, alumno extensionista, Lempira.

Jorge Amador, instructor.

Juana Cerrato, cocinera.

Juanita Cervantes de Franco, alumna, Lempira.

Armida Lara Escalante, alumna, Lempira.

Giovanni Lara, alumno extensionista, Lempira.

Camilo Mejía, alumno, Lempira.

Mauro Mendizábal, alumno de la Escuela Agrícola Panamericana, Zamorano.

Lucio Menjívar, alumno, Lempira.

Evelyn Montega, estudiante de la Escuela Agrícola Panamericana, Guatemala.

Cándida Osorio, administradora.

María Emilia Rodríguez, alumna, Lempira.

Elías Sánchez, fundador, director.

Productores (ex alumnos de Granja Loma Linda)
Fernando y Vilma Andrade, Linaca.
Luis Alonzo Morales, Granja Loma Linda.
José Benito Ponce y Andrés Ponce, El Jute.
Ramón Romero, Tegucigalpa.
Florentino, Isaí y Adán Santos, El Socorro.

Siglas Utilizadas

ACORDE — Asociación Coordinadora de Recursos para el Desarrollo.

ASPTA/Brasil — Acrónimo en portugués para Consejería y Servicios para Proyectos Agrícolas Alternativos.

CADERH — Centro Asesor para el Desarrollo de los Recursos Humanos en Honduras.

CADESCA — Comité de Acción de Apoyo al Desarrollo Económico y Social de Centroamérica.

CRS — Catholic Relief Service.

CATIE — Centro Agronómico Tropical de Investigación y Enseñanza.

CEDOH — Centro de Documentación de Honduras

CIDICCO — Centro Internacional de Información sobre Cultivos de Cobertura

COHDEFOR — Corporación Hondureña de Desarrollo Forestal.

COSUDE — Cooperación Suiza para el Desarrollo.

CTN — Cooperación Técnica Nacional.

EAP — Escuela Agrícola Panamericana.

FAO   Organización de las Naciones Unidas para la Agricultura y la Alimentación.

FOPRIDEH   Federación de Organizaciones Privadas de Desarrollo de Honduras.

GTZ   Acrónimo en alemán para la agencia gubernamental alemana de Asistencia Internacional para el Desarrollo.

IICA   Instituto Interamericano de Cooperación para la Agricultura.

INDEVOR   Acrónimo para el INSEAD, International Development Organization.

INSEAD   Acrónimo en francés para el Instituto Europeo de Administración de Empresas.

LUPE   Acrónimo en inglés para Land Use and Productivitiy Enhancement (Proyecto Mejoramiento del Uso y Productividad de la Tierra).

MOPAWI   Acrónimo en misquito; significa Desarrollo de La Mosquitia.

POSCAE/UNAH   Postgrado Centroamericano en Economía y Planificación del Desarrollo. Universidad Nacional Autónoma de Honduras.

SABER   Acrónimo en inglés para School of Agribusiness and Environmental Resources. Escuela de Agronegocios y

Katie Smith Milway

	Recursos Ambientales de la Universidad Estatal de Arizona.
UNESCO	Organización de las Naciones Unidas para la Ciencia, la Educación y la Cultura.
UNICEF	Organización de las Naciones Unidas para la Infancia.
UFC	United Fruit Company.
USAID	Agencia de los Estados Unidos para el Desarrollo Internacional.

Fe de Erratas

•En la página 222 debe decir, 18 de mayo del 2000

•En la página 186 debe decir, Pawiza

Impreso en los talleres de
Editorial Guaymuras,
Tegucigalpa, Honduras,
en el mes de octubre de 2004.
Su tiraje es de 2,500 ejemplares.